Cahiers

I edizione: aprile 2019

Castelvecchi è un marchio di Lit Edizioni Srl
Sede operativa: Via Isonzo 34, 00198 Roma
Tel. 06.8412007 – fax 06.85358676
info@castelvecchieditore.com
www.castelvecchieditore.com

ristampa	anno
8 7 6 5 4 3 2 1	2019 2020 2021 2022

Muriel Drazien

PER DONNA SOLA

Gli enigmi del femminile

a cura di Cristiana Fanelli e Daniela Turi

CASTELVECCHI

Introduzione

Liminaire

di Muriel Drazien

Questo volume raccoglie storie di donne molto diverse tra loro che mi hanno colpita nel corso degli anni e che riemergono ora formando un mosaico che assembla i pezzi entro cui mi propongo di leggere l'"enigma donna". Le vicende di ciascuna di loro, infatti, rivelano un aspetto diverso della condizione di solitudine in cui hanno dovuto risolvere i problemi legati alle proprie storie, alle loro condizioni di vita, alla loro ricerca di equilibrio.

La solitudine di queste donne si manifesta nella loro difficoltà a superare i traumi fisici e psicologici. Spesso ci stupiamo del silenzio che avvolge questi fatti. Sembra difficile parlare dell'accaduto, denunciare i colpevoli, una reticenza che non smette di sorprendere. Non basta a spiegarla il timore delle accuse di condiscendenza verso il carnefice e neppure quello di essere state in qualche modo partecipi di ciò che hanno subito. C'è dell'altro e deriva dal muro stesso del linguaggio che è insufficiente a tradurre la verità del disagio causato dalla sofferenza. Ci sono molti esempi di situazioni che finiscono in tragedia perché mancano parole capaci di colpire nel segno, di toccare chi è più vicino e a cui vorrebbero indirizzarsi.

La produzione artistica di scrittrici come Virginia Wolff e Sylvia Plath dimostra quanto padroneggiassero bene il linguaggio. Conoscevano il valore delle parole – che erano i loro strumenti consolidati di lavoro – eppure sono rimaste prive di appoggi in momenti determinanti delle loro vite e, proprio per la mancanza di parole adeguate, non hanno potuto evitare atti violenti. La difficoltà a dire, questa sì, è enigmatica, come lo è anche il rifiuto di aprirsi agli altri.

In questa sede non parleremo invece del "maschicidio", tema controcorrente e provocatorio. Che le donne siano capaci di crudeltà è fuor di dubbio – e la storia di Rina Fort che presento in questo libro ne è una prova sufficiente, come lo è anche la difficoltà a vedere le donne nel ruolo di carnefici[1].

Le donne sono un enigma non solo per gli uomini, ma anche per se stesse. Siamo abituati all'idea che «la donna è mobile», che non si sa cosa voglia. Sin dall'antichità, gli uomini sono stati affascinati ma anche irritati dalla differenza sessuale, ovvero da quel che distingue una donna da loro. La cronaca testimonia che un rapporto troppo stretto con la donna può suscitare reazioni molto violente nell'uomo. Questi fatti dimostrano che i tratti più intimi e caratteristici della donna – proprio quelli che cercherò di esporvi – e il suo essere Altra non sono facilmente accettabili.

Freud curava donne misteriose chiamate "isteriche", che arrivavano da lui con strani fenomeni legati al corpo. Chiedevano al medico di leggerli più che di guarirli, di ascoltare ciò che avevano da dire sulla loro difficoltà sessuale, sulle storie che di continuo riemergevano a tormentarle[2]. Una di loro, la più furba, dichiarò che voleva *the talking cure*, la terapia della parola[3]. Attraverso queste strane creature, Freud ha scoperto la psicanalisi e, sul finire dei suoi anni, ha riassunto la sua esperienza clinica nella frase «*was will das Weib?*» cioè 'cosa vuole la donna?'. Evidentemente, la donna restava per lui un enigma.

Anche Jacques Lacan è giunto alla psicanalisi attraverso una donna, una paziente che ha chiamato Aimée[4], ovvero 'Amata'. Questo nome

1 Riguardo questa difficoltà, si veda la bella intervista di Marcel Czermak in cui parla del fantasma della Vergine che scongiura, appunto, la paura che la madre possa essere un'assassina. È possibile leggerla in C. Fanelli, J. Jerkov, D. Sainte Fare Garnot (a cura di), *Le mie sere con Lacan*, Editori Internazionali Riuniti, Roma 2012, pp. 329-342.

2 «L'isterica soffre di reminiscenze», era solito dire Freud per spiegare gli affetti di cui erano preda e che andavano ricondotti a eventi passati che avevano lasciato traccia, e che tornavano a farsi sentire come una sorta di rimemorazione in atto.

3 Il riferimento è ad Anna O., alla storia Bertha Pappenheim, analizzata da Breuler e da Freud. Si veda in proposito S. Freud, *Studi sull'isteria e altri scritti*, in Id., *Opere (1886-1895)*, vol. 1, Bollati Boringhieri, Torino 2003, pp. 189-212 e in particolare p. 197.

4 Aimée è il nome dato da Jacques Lacan a Marguerite Pantaine (meglio conosciuta come Marguerite Anzieu), la paziente a cui ha dedicato la sua tesi di dottorato *Della psicosi paranoica nei suoi rapporti con la personalità* (1932). Come scriverà molti anni dopo: «Per

svela come la scoperta che ha segnato la vita dello psicanalista rimarrà per sempre legata a questa donna. Come Freud, anche Lacan ha dedicato buona parte del suo insegnamento a interrogare l'enigma della sessualità femminile. In particolare, nel seminario *Ancora*[5] (1972-1973) Lacan ha posto l'accento sulle formule della sessuazione[6] che illustrano la posizione femminile riguardo al rapporto – o al non rapporto – tra i sessi. La posizione della donna è doppia[7] (non per caso comunemente si

dirla tutta, e per renderle omaggio, è, come ciascuno sa, da questa malata, che ho indicato con il nome di Aimée che, certo, non era il suo, che sono stato aspirato verso la psicanalisi», J. Lacan, Il seminario, Libro XIX, *Le savoir du psychanalyste* (1971-1972), inedito, lezione del 6 gennaio 1972. Con queste parole Lacan inscrive nell'amore, amore di transfert verso una donna psicotica, il suo ingresso nella psicanalisi. Come suggerisce l'appellativo "Aimée", il tratto che Lacan sceglie per descrivere questo caso è incentrato sull'amore o, meglio, sulla difficoltà che l'esperienza amorosa conosce nella psicosi. Per questo, tornando a parlare di Aimée durante una conferenza tenuta nel 1975 alla Yale University, Lacan potrà dire: «La psicosi è una sorta di fallimento nella realizzazione di ciò che è chiamato amore. Nel campo dell'amore la paziente di cui vi ho parlato poteva sicuramente avercela contro il destino». Per uno di quei misteri del transfert, Didier Anzieu, figlio di Aimée, giunse sul lettino di Lacan riproponendo l'enigma della follia materna. Entrambi dissero di non sapere: il giovane del legame di Lacan con la madre, lo psicanalista del rapporto di parentela del suo analizzante con Aimée. Per qualche anno, Didier Anzieu fu allievo di Lacan.

5 J. Lacan, Il seminario, Libro XX, *Ancora* (1972-1973), Einaudi, Torino 2011, p. 73.

6 Le formule della sessuazione segnano la psicanalisi lacaniana degli anni Settanta e ne illustrano gli sviluppi. In questi anni Lacan ripensava la psicanalisi a partire dal Reale, ovvero dall'impossibile a dirsi e a pensarsi. A illustrare questo impossibile sono due frasi divenute molto celebri: «Non c'è rapporto sessuale» e «la donna non esiste». La mancanza di rapporto sessuale dipende dalla dissimmetria del godimento maschile e femminile che impedisce ai due di fare Uno – una dissimmetria dovuta al fatto che l'appartenenza sessuata non si risolve nel biologico, ma dipende dal linguaggio. Le formule della sessuazione illustrano le diverse forme del godimento maschile e femminile, mostrandone le divergenze e i punti d'incontro.

7 Lacan sostiene che il tratto caratteristico del soggetto femminile è una "divisione" rispetto al godimento. La donna è divisa perché da una parte ella va in direzione del fallo (è il versante legato al desiderio di riconoscimento femminile, desiderio di sentirsi riconosciuta in base a valori affermati e condivisi come sposarsi, diventare madre, lavorare – valori che, ovviamente, cambiano a seconda delle epoche), dall'altra va in direzione di quanto, nell'Altro, fa buco, non tiene, non è rappresentato (ovvero in direzione di qualcosa che sfugge all'ordine fallico) – direzione che inaugura un altro tipo di godimento, il cui limite è molto incerto, e rispetto al quale prende quota la questione femminile dell'amore.

parla di una "doppiezza" delle donne), il che la porta per un verso a partecipare alla logica fallica, per l'altro a restarne fuori – il che inaugura un godimento inaudito, infinito, che Lacan ha denominato godimento Altro. È in questo godimento "supplementare" che sta la sua solitudine ed è esso a renderla davvero Altra.

Questo suo nucleo doppio, paradossale, ha portato gli uomini a isolare e segregare mogli e figlie con la pretesa di proteggerle e di amarle – qualche volta fino alla morte – ma in realtà con lo scopo di abbattere la loro divisione soggettiva e la distanza che ne deriva, elementi che gli uomini percepiscono come vere e proprie sfide.

Perché interessarsi a donne sole? La solitudine non è certo una qualità esclusiva delle donne. Tuttavia lo è per alcune che sembrano coltivare e difendere la propria solitudine da incursioni inopportune, ostinandosi a mantenere la loro "assenza" anche quando sono sollecitate a tornare presenti[8]. Un tentativo di essere accettate proprio nel loro essere *non-tutte* presenti.

Perciò, nella storia delle nostre donne, appaiono spesso le parole "assenza" e "mancanza". Come leggere questi buchi, questi vuoti lasciati dalle significazioni di parole non dette? A maggior ragione saranno importanti le soluzioni che seppero trovare a ciò che premeva loro dolorosamente. Quando trovate, divennero soluzioni anche per le loro vite. Anzi, ciascuna delle donne qui riunite – per quanto così diverse l'una dall'altra – aggiunge un pezzo significativo al "mosaicodonna" proprio grazie alle soluzioni inventate per risolvere un problema a volte vissuto con sofferenza, altre volte scansato o rimosso, ma in ogni caso sempre legato a una difficoltà *a dire*.

Strada facendo, ci si accorgerà che in ognuna di queste storie c'è qualcosa che manca per poter cogliere interamente il soggetto nelle sue sfumature più intime. Con Lacan, la psicanalisi ci ha insegnato che non si può dire tutto, che il linguaggio è un muro che divide, che rende difficile, talvolta impossibile, fare breccia nell'altro, nel prossimo.

8 Già nel seminario ...*ou pire* (1971), Lacan colloca il soggetto femminile tra "presenza" e "assenza". Infine enuncia con estrema chiarezza che il particolare godimento che prova una donna «da qualche parte la rende assente a se stessa, assente in quanto soggetto», *Ancora*, cit., p. 33.

Alcune donne, trovandosi sole nelle traversie della vita, riescono a trarre vantaggio dalle situazioni più difficili. Altre reagiscono con forza e determinazione, inventando soluzioni azzardate per non diventare prede dell'abbandono. Perché l'abbandono traumatico è sempre in agguato ed è molto temuto. La poetessa Sylvia Plath ha fatto di Arianna e Fedra, due donne del mito abbandonate dai loro amanti, un *Leitmotiv* nelle sue opere, anticipando così la propria tragica storia con Ted Hughes, il cui abbandono l'ha spinta al suicidio.

Una soluzione completamente diversa è quella di *abbandonarsi all'abbandono*, condizione che tentano di realizzare le mistiche. Non è dato a tutte. Per altre infatti c'è la crudeltà di un passaggio all'atto tragico oppure l'invenzione di una missione travolgente, la scoperta di una vocazione, a volte la scrittura.

Sulla scia delle scoperte di Freud e di Lacan, proveremo a interrogare le storie di diversi personaggi femminili, cercando di afferrare perché le donne sono sempre così sfuggenti, difficili da comandare o irreggimentare. Che cos'è una donna?

TIZIANO VECELLIO: la sua donna allo specchio è tutta nel nostro sguardo, anche se lei è insoddisfatta perché non può vedersi attraverso il nostro sguardo. Questione curiosa per una donna, forse incomprensibile per un uomo. Lui non sa cosa lei cerchi, lei non glielo sa dire.

EDDA CIANO ha subito un tradimento vile da parte dell'uomo che era al centro della sua vita: il padre Benito Mussolini. La fucilazione di suo marito e il tradimento del padre l'hanno lasciata sola, ma con una missione che, per la prima volta nella sua vita, l'ha completamente coinvolta. Un ricovero psichiatrico rivelerà la debolezza, ma anche la forza, di una donna segnata da una storia familiare che ha incrociato la storia d'Italia. Incontro terapeutico con un celebre psicanalista che lei ha snobbato perché ha deciso di volersi «tenere i suoi complessi».

GUSTAVE COURBET, quando dipinse *L'Origine du Monde* (non c'è mai stato disegno più ambizioso e più scaltro di quello) aprendo le cosce di una mitica donna primordiale, espose al mondo l'antro da cui ogni essere, ogni *parlessere*, proviene: il suo sesso. Una donna tutta, si potrebbe dire, dal momento che nessuna parte è velata. Tutto si può cogliere, o quasi, ma anche in questo "vedere tutto" o coglierla tutta, qualcosa manca.

RINA FORT era sola a compiere la strage efferata dei tre bambini e della moglie del suo amante? Il mistero non si è mai risolto e, anche dopo i trent'anni di carcere scontati da Rina, la famiglia delle vittime chiedeva ancora di conoscere i nomi dei suoi complici, increduli che una donna sola potesse rivelarsi così tragicamente mostruosa. Durante il processo, Rina è rimasta totalmente muta. Non è riuscita a spiegare ciò che lei stessa ignorava di sapere: e cioè che, il vedersi nell'altra donna, l'aveva portata a uccidere, attraverso di lei, la propria stessa immagine.

EDWARD HOPPER è riuscito a tradurre nella sua pittura le immagini della solitudine femminile. Ha ritratto scorci dei momenti più significativi della vita, dai quali sorge ciò che Lacan ha chiamato "godimento" e che per una donna è così particolare ed essenziale, legato com'è alla propria identità sessuata.

ANNA FREUD, nell'adorazione per il padre, ha monopolizzato ogni aspetto della sua vita. Cosa ne è disceso? Quali gli effetti sulla sua femminilità? Sembra che Anna abbia trovato una via singolare per accedere a un godimento solitario attraverso dei sogni a occhi aperti.

MARILYN MONROE, una donna che aveva addosso lo sguardo di tutti poiché era un'attrice ammirata e molto fotografata, è morta suicida (si pensa), in solitudine, a trentasei anni. Lei sì, sembrava l'eterno femminino personificato dalla sua bellezza, ma anche da una fragilità che richiamava la protezione degli uomini. Alcune delle sue ultime parole sono state registrate su un nastro, poi inviato al suo psicanalista, perché nelle numerose sedute di terapia con lui non si era sentita ascoltata.

DANIS TANOVI, nel suo film *L'enfer*, esplora la femminilità da una particolare angolatura: quella di una violenza raccontata in molti modi – ciascuno dei quali segue lo schema "trauma, rimozione e ripetizione" analizzato da Freud. Il silenzio che accompagna la violenza garantisce un certo equilibrio, l'inferno sarebbe invece prendere la parola sostenendosi sul proprio nome.

STANLEY KUBRICK, nel suo film *Eyes Wide Shut*, segue il filo delle peregrinazioni, per lo più notturne, di Bill. Le sue esperienze mettono assieme la vita e la morte, la bellezza e l'eros, mentre cerca una risposta ad almeno due domande: cosa separa l'uomo dal godimento pieno della vita e cosa vuole la donna. Il film è pieno di donne, mascherate, morte, devote al ruolo di madri, figlie dolenti, prostitute, donne per lo più consegnate all'immaginario fallico maschile, ma, quanto a loro, prese in una divisione soggettiva che le rende imprendibili. È proprio la dolce moglie di Bill, la cui peregrinazione è molto più segreta rispetto a quella del marito, a far piena luce sulla divisione che attraversa una donna.

JEANNE GUYON, SIMONE WEIL e ETTY HILLESUM si sono mosse nella dimensione della mistica che ha permesso loro di abbracciare il mondo senza porsi limiti e sfuggendo alle costrizioni imposte solitamente dal loro sesso.

DANIELA TURI si chiede come può rispondere al "nemico", cioè alla malattia che la invade. Non c'è solitudine più grande per una donna che subire mutilazioni corporee. Vi è in gioco tra l'altro la propria femminilità. Daniela ha trovato la risposta nella scrittura.

SONIA HEBENSTREIT è una bambina di dodici anni rimasta sola dopo la scomparsa dei genitori. Anche lei è stata braccata dalla Gestapo in Polonia, durante la Seconda Guerra Mondiale. Perciò ha inventato un mezzo per sopravvivere, evitando il pericolo d'autismo insito nel silenzio imposto per nascondere la propria identità. Le parole hanno preso la forma di dialoghi immaginari con i personaggi delle fiabe che l'hanno accompagnata, sostenuta e mantenuta nell'universo del linguaggio.

La psicanalisi c'insegna che ogni storia personale è singolare. Nella clinica non ci sono due storie uguali, non esistono "cloni" – diversamente da quanto accade nella nostra era tecnologica che predilige la conformità a certi modelli sociali rispetto alla singolarità dell'individuo. Il compito dello psicanalista è di accogliere i significanti particolari di ogni storia personale; quei significanti che hanno lasciato una traccia e che permettono di mettere in luce le diversità che ci costituiscono – e questo vale con un soggetto nevrotico, oppure psicotico, con un ritardato mentale, un delinquente o persino con un criminale. Ricordo, in proposito, lo straordinario libro di Truman Capote *A sangue freddo*. Si tratta di uno studio su due criminali incarcerati, un'indagine mai realizzata prima da uno scrittore che, grazie al transfert stabilito con uno di loro, è riuscito a reperire proprio questi significanti particolari, tracce che vengono a galla anche in una psicanalisi. L'indagine psicanalitica, infatti, fa emergere le catene di quei significanti che raccolgono il sapere inconscio del soggetto e che comandano i suoi passi anche quando egli non ha accesso a tale sapere.

La *talking cure*, la cura attraverso la parola, consiste proprio in questo tipo d'indagine. Che la psicanalisi abbia a che fare con le parole spiega l'uso del termine "significante" preso in prestito dalla linguistica di Ferdinand de Saussure. I significanti producono degli effetti sulla vita di tutti i giorni: sono al cuore di quelle ripetizioni che ci tormentano, presiedono alla formazione di sintomi e fantasmi, alle scelte che facciamo e agiscono sulla vita dei figli.

Molto spesso la storia di queste donne svela quel punto in cui la loro solitudine costeggia il crinale del muro del linguaggio, costeggia una difficoltà "a dire", legata proprio alle particolari circostanze di una vita, costeggia quel punto che nel campo dell'Altro non tiene e che Lacan chiamava Reale – definendolo come l'impossibile da pensare e da dire. Diceva anche che un'analisi deve poter afferrare un pezzo di questo Reale.

PARTE PRIMA

«COSA VUOLE LA DONNA?»

1. La macchia di Venere: «Come mi si vede?»*

Guarda davanti per vedere dietro, la bella dama bionda appena acconciata. Abile è l'acconciatore nel tentare di mettere a fuoco l'acconciatura. «Come mi si vede?» chiederà inquieta la dama, curiosa per il risultato ottenuto. Gli specchi ci riflettono ma non ci fanno vedere niente. Lei dice parole non dette, domande che non pretendono nessuna risposta: come potrei essere vista da qualcuno senza che mi si vedesse? Come vedermi da dove l'altro mi guarda? Come potrei vedermi vedendomi? Non è infatti lo specchio al centro del quadro di Tiziano, ma lo sguardo. Lo sguardo di lei. Lo sguardo di lui. Lo sguardo del mondo.

Il narcisismo è inteso come il rapporto del soggetto con la sua immagine speculare, dalla cui contemplazione ricava soddisfazione e anche compiacenza, e in cui il soggetto trova l'appoggio di una *méconnaissance*, un misconoscimento di ciò che siamo: esseri guardati anche quando questo sguardo non lo si vede.

Ogni quadro racconta ciò che mostra. Come nell'antico apologo riferito da Platone, la sfida di inganni vinta da Parrasio contro Zeusi, è la visione che vince. Persino l'occhio degli uccelli che cercavano di beccarla era stato tratto in errore dall'uva dipinta nel quadro di Zeusi, che a sua volta aveva subito l'illusione della tenda così vera, dipinta da Parrasio, da credere che il quadro fosse nascosto dietro.

Non è la verità quindi che possiamo cercare nello sguardo della donna dipinta da Tiziano, ma il racconto che coinvolge la visione del pittore; fino al punto da essere libero sia dal soggetto che lo ha immaginato

* Il testo è stato pubblicato in V. Merlini, D. Storti (a cura di), *Donna allo specchio: Tiziano a Milano*, Skira, Milano 2010.

sia dalla sua storia. Ecco perché quello sguardo, nel doppio gioco degli specchi inventato da Tiziano, molto più che in altri quadri, si situa proprio su quella linea di confine inconoscibile in cui si sublima la definizione dell'arte.

Rimane il racconto di ciò che vediamo.

C'è un quadro di Magritte in cui un uomo visto da dietro di fronte allo specchio riflette se stesso sempre visto da dietro. Colpisce come un motto di spirito ben riuscito. Eppure contiene una verità che ci avvicina alla donna di Tiziano. Anche lei vuol vedere se stessa da dietro, dal punto di vista di qualcuno che vorrebbe coglierla nella sua parte nascosta, come l'altra faccia della luna. Possiamo qui far riferimento a quelle pagine aurorali degli anni Sessanta nelle quali Jacques Lacan, riscoprendo la lezione di Freud, individua nella questione dello sguardo un nodo cruciale della psicanalisi in quanto costituisce uno degli oggetti che causano il desiderio[1].

Corriamo il rischio di un azzardo, identificando per associazione la macchia che compare nel grande specchio con la *tâche* di cui parla proprio Lacan per rappresentare il punto di vista di chi guarda, un *voyant* universale che ci fa vedere lo spettacolo del mondo. *Speculum mundi.* Punto di fuga dell'intero racconto, la macchia nello specchio è il luogo dove la finzione entra in relazione con il Reale. Come una finestra aperta. E con un passaggio illuminante, seppure possa sembrare arduo, ci dice che è proprio quel punto di vista *omnivoyant*, visto che tutti siamo esseri in quanto possiamo essere visti, ad appuntarsi sulla soddisfazione di una donna di sapersi guardata, ma a condizione che non la si veda. In fondo lo specchio dietro di lei non fa altro che riflettere un buco nero. Lo specchio funziona come una mancanza, un vuoto non colmato, perché non riflette la donna vista da dietro. Si intravedono i capelli, forse. Non c'è che quella macchia, un riflesso appunto, a significare che si tratta di uno specchio reale. Ecco quindi che la *tâche*, la macchia, segna il vuoto insito in ogni sguardo. La donna può essere percepita solo a frammenti, per piccole illuminazioni, in un gioco di particolari, piccole parti che rimandano al tutto. Come nel riflesso della *Venere allo spec-*

1 Lacan ha consacrato un seminario importante allo sguardo come oggetto causa di desiderio. Il lettore potrà riferirsi a J. Lacan, Il seminario, Libro XI, *I quattro concetti fondamentali della psicoanalisi* (1964), Einaudi, Torino 2003, in particolare alle pp. 67-117.

chio a Washington. Questo "punto di Reale" nascosto è sempre presente nei quadri commentati da Lacan, nelle *Meninas* di Velázquez come in *Amore e Psiche* di Jacopo Zucchi o nell'emblematico esempio degli *Ambasciatori* di Hans Holbein, in cui questo buco è reso presente da un'anamorfosi, il teschio delle *Vanitas*, percepito solo da chi guarda da fuori, invisibile ai due ambasciatori perfetti rappresentanti della vanità che loro ignorano ma che si apre sotto i loro piedi, in attesa del momento – mai propizio – per svelarsi.

Ecco cosa può raccontarci la *Donna allo specchio* di Tiziano.

C'è nel quadro un desiderio vitale del pittore significato dal suo interesse profondo per la donna. È il pittore che si chiede cosa stia pensando la donna che lui stesso ha dipinto. Lei rappresenta un universo femminile nascosto, fondato su una sessualità inappagata conseguenza di uno straniamento dal mondo. È una donna sola. Immersa nella sua solitudine, nel vuoto dei suoi pensieri. Un vuoto che l'acconciatore, l'uomo del quadro, nonostante si possa attribuire a lui una valenza fallica, non può colmare, perché non possiede nessuna forza nel racconto. Funziona come un accessorio. La *Donna allo specchio* va letta come una meditazione sull'isolamento femminile.

Con un salto nel tempo della storia, di certo illegittimo ma proprio per questo disvelatore di un senso, la donna di Tiziano Vecellio ci porta alle donne di Edward Hopper[2]. Dal Cinquecento veneziano al Novecento americano. Hopper, come Tiziano, ha uno stile peculiare che si riconosce subito: viene chiamato Realismo. Gli ambienti che dipinge sono reali; i colori sono quelli che, illuminati dal sole, risultano veri; i personaggi, quelli che si possono incontrare non lontano da casa propria; le circostanze, quelle della vita quotidiana di ciascuno. Le persone stesse che ritrae sono reali, esistono in carne e ossa come la moglie. Josephine era il suo nome; anche lei pittrice. Ma anche lei nei quadri di Hopper è una donna. Una donna sola. È questa l'ossessione che il Realismo di Hopper rende trasparente, come un inganno ben riuscito, un *trompe-l'œil* perfetto.

La letteratura ci ha consegnato, dopo Tiziano, figure femminili, esempi animati delle donne mute di Hopper e di Tiziano, anche loro amanti della libertà. Senza andare troppo lontano, troviamo subito Ma-

2 Cfr. capitolo 5, *La donna sola, senza paura: «...Cosa sta cercando?»*, p. 69.

dame Bovary, anima irrequieta e insoddisfatta. Anna Karenina, altra adultera infelice, come la sciagurata francese, destinata anche lei a una fine tragica. Perché? Già c'è da interrogarsi: quella tragica è l'unica fine, quella giusta, che gli autori riescono a immaginare, augurare piuttosto, a delle vite votate alla ricerca dell'altro?

Sono donne sole, che sfidano il destino a cui sembrano consegnate. Oggetti rigettati da chi non le vuole assumere nella loro passione possessiva o per chi non ne ha bisogno per perfezionare la propria esistenza. Oggetti del desiderio, diciamo oggi dopo Freud e Lacan. Ma se Freud è partito dalla ricerca di una risposta alla domanda «cosa vuole La donna?», Lacan ha decretato che «La donna non esiste». E a partire da qui, ne ha teorizzato la posizione circa il desiderio e il godimento. La donna in quanto unità non esiste. Ecco la ragione per cui tra una donna e un uomo le cose non quadrano mai. «La donna non esiste», prima di tutto indica che La donna perfetta, ideale, è un fantasma. Ne percepiamo solo una parte. È divisa: non tutta al servizio del fallo e del godimento che esso procura, non tutta oggetto del desiderio dell'uomo.

Questo è il ruolo in cui un uomo volentieri la colloca e l'accetta. La donna percepisce la sua divisione, percepisce la parte di sé che fugge ad ogni presa, ciò che gli uomini non le perdonano.

Questa è la parte intima della donna, la parte che Hopper è andato a scovare, alla ricerca di un suo desiderio. È la parte descritta da Tolstoj e Flaubert nei loro celebri personaggi femminili. È la parte con cui si misura la rappresentazione del femminile in Tiziano.

Si impone, quindi, una domanda ancora più vera, ineludibile, che scaturisce proprio dall'idea della solitudine ontologica della donna, del suo corpo reale, del suo fantasma ideale. Può la libertà convivere con la passione? Come in un ossimoro, si può essere dominati mentre si aspira al massimo dell'indipendenza del proprio essere? Si tratta di una profonda questione clinica che per trovare una risposta ci costringe a ricorrere al paradosso dell'amore mistico. Il misterioso contatto. Santa Teresa di Bernini, nel momento dell'estasi, soffre e gode di un piacere che tocca direttamente il suo corpo. Godimento lo chiama Lacan. E attraverso questa parola possiamo tornare, curvando ancora il tempo, su un altro quadro di Tiziano, la Danae nuda a cui rimanda la donna allo specchio vestita. Le memorie di chi c'era a quel tempo, vicino a Tiziano, e gli storici dell'arte dopo, da allora fino a oggi, raccontano della predilezione del pittore per la bellezza femminile, della sua straordinaria capacità nel rappresentarla. Danae più di Venere riesce a contenere in sé il paradosso del sacro e del profano, a evocare purezza e peccato con lo stesso sguardo, verginità e prostituzione.

In una commedia in auge proprio nel Cinquecento, intitolata l'*Eunuco*, il poeta latino Terenzio racconta la storia di Cherea. Spacciandosi per eunuco, riesce a raggiungere l'oggetto del suo desiderio, guardata a vista da una cortigiana a protezione della sua verginità. Mentre l'assiste al bagno, asessuato come un perfetto eunuco, Cherea viene colpito da un dipinto sulla parete che rappresenta Danae, figlia di Acrisio, re di Argo, nel momento in cui viene posseduta dalla pioggia d'oro di Zeus. Folgorato dalla visione, Cherea viola la vergine.

Le figure di donna di Tiziano sono un agente attivo, piuttosto che un semplice riflesso passivo della visione della sessualità. La Danae di Napoli è sola e disadorna, rinchiusa nella sua torre, guardata da un amorino, che la separa dal resto del mondo, imprigionata dal padre per essere protetta da ogni contatto con gli uomini. Lo sguardo è sognante, intento a scrutare il mistero dell'incursione della pioggia d'oro. Fuori, al di là dello sguardo, si apre un paesaggio avvolto dalle nuvole, estensione e riflesso della nuvola che avvolge la metà del suo corpo abbandonato, fra luce e ombra. Per metà immersa in un'altra dimensione, quella della solitudine di un godimento che non si può dire, e l'altra metà invasa dalla cascata dorata. Danae come la donna, si può dire solo a metà, parte per il tutto di una verità che mai potrà essere mostrata. L'estasi di Danae è riflessa nella tensione mistica di Santa Teresa. C'è una specularità trascendente fra lo sguardo estatico di Tiziano e il godimento mistico di Bernini.

Il gioco ingannevole dello specchio diventa la misura del Reale. L'inganno di Giove contiene l'inganno di Danae che genera l'inganno di Cherea che invera l'inganno di Tiziano. E su tutto la natura ingannevole della pittura, come sapeva Platone.

Come sapeva Picasso. A cui si deve la più compiuta riflessione sull'idea della donna nella pittura del Novecento. Non possiamo non amare lo sguardo tenero di Marie Thérèse Walter che si sottomette allo sdoppiamento a lei imposto dal pittore che la ritrae, il suo amante. Lei e l'altra se stessa si ritrovano senza che venga scambiato fra di loro uno sguardo. Sono due parti di un tutto che non si completa, nemmeno nel reciproco riflesso speculare. Una mancanza che rimanda al principio di castrazione seguendo la legge simbolica a cui tutti dobbiamo sottostare. Succube del suo riflesso, la donna ha un rapporto speciale con lo specchio, inteso come supporto narcisistico, perché riflette la solitudine dell'universo femminile. Picasso ci ha saputo dire che Marie Thérèse in nessun modo riuscirà mai a vedersi per intero. Non importa se Picasso ne sia stato consapevole, ma il quadro ha lo stesso titolo della *Donna allo specchio* di Tiziano.

2. Edda Ciano: «Duce, tu non sei più mio padre»

Prologo di una tragedia

Come accade nelle antiche tragedie, il protagonista assume il proprio destino solo alla fine di un percorso durante il quale egli non dimostra doti particolari e, piuttosto, rivela la capacità di non interrogarsi su ciò che gli sta succedendo.

Intorno a Edda si è costruita negli anni l'immagine leggendaria di una donna ribelle. Anticonformista. Una donna che non ha voluto accettare etichette e neppure le costrizioni imposte alla sua vita dal proprio rango. Insomma, una donna che non ha voluto piegarsi ad alcuna autorità. Ha invocato la «libertà di agire come una persona qualsiasi», il diritto di condurre la propria esistenza a modo suo, senza badare alle convenzioni del suo tempo: in una parola, senza tener conto di quanto era proibito dalle regole di condotta fissate da un regime di cui lei era parte attiva. Il settimanale «Time», il 17 gennaio 1940, le dedicò la copertina, come se fosse una delle donne più potenti del mondo. Sempre al centro della cronaca mondana, corteggiata e accompagnata dagli uomini più affascinanti dell'epoca, al centro dei più sfrenati pettegolezzi, sfrenati come la sua fama di "Messalina", perché invece è stata una donna sola?

Delle sue contraddizioni, questo è solo un tratto che, però, lascia il segno nella sua storia. Fatto ben noto, la leggenda una volta attecchita rimane più "vera" e difficile da smentire di qualsiasi elemento storico. Non è curioso che, nonostante quanto è stato scritto in proposito, le vicende di Edda continuino a interessare storici e romanzieri? Qualcosa non si è ancora riassorbito, qualcosa non smette di scriversi e di morire nei luoghi comuni… Chi era, e perché continua a esercitare un tale fascino sull'immaginario italiano?

Nonostante le biografie, i molti racconti e le infinite chiacchiere sulla sua persona, qualcosa è sfuggito. Ma, contrariamente alle molte parole "campate in aria", disponiamo di uno scritto che costituisce una testimonianza sulla sua particolare situazione psicologica. Il documento proviene da un illustre uomo di scienza, uno psichiatra, il dottor André Répond, direttore della Casa di cura di Malévoz, a Monthey, nel Vallese in Svizzera, in cui Edda era stata internata dopo la sua fuga dall'Italia. Nel quadro della sua storia mancava uno scorcio che desse seriamente conto della sua verità, raccolta e trasmessa non da chi poteva avere mire di tipo giornalistico, sensazionalistico e anche politico, ma da qualcuno interessato solo alla personalità di una paziente tanto straordinaria. Il merito di aver indagato per prima e di aver portato alla luce il resoconto del dottor Répond, e quindi il suo intervento nella vita di Edda Ciano, è dovuto alla ricerca approfondita e allo studio sui documenti della storica Renata Broggini[1].

Grazie non solo alla testimonianza dello psichiatra, l'episodio riportato dalla Broggini fornisce una rara possibilità di trattare i vari "misteri" che avvolgono Edda Ciano Mussolini; ci consentono di entrare nel personaggio e nei suoi enigmi che, visti da vicino, cessano di essere enigmi eccezionali. Come nelle tragedie delle origini, essi si rivelano attraverso personaggi più grandi di quelli che popolano la vita comune, al punto da diventare esemplari, convinzioni che giacciono in ciascuno, ma nascoste alla coscienza, e che riguardano i temi maggiori a cui si confronta un individuo: quello dei padri e dei figli, dei mariti e delle mogli, dell'amore e del sesso, infine della libertà e delle costrizioni. Fatto singolare, questa indagine ci consente di illuminare una tematica non studiata abitualmente così da vicino, forse a causa di un tabù che resiste nel tempo, quello del legame tra un padre e una figlia.

In qualche modo Edda conosceva l'importanza simbolica del nome, e lo ha dimostrato firmando la sua ultima lettera di sfida al padre con il nome da sposata, Edda Ciano. Se mai avesse potuto affermarlo, forse, in quel preciso momento, Edda era *al suo posto* accanto al marito che,

1 R. Broggini, *La "famiglia Mussolini". I colloqui di Edda Ciano con lo psichiatra svizzero Répond 1944-1945*, in «Italia Contemporanea», n. 203, giugno 1996.

sposandola, le aveva effettivamente dato un'iscrizione simbolica. Ma, prima di quel momento drammatico in cui Ciano rischiava la vita, Edda non aveva mai avuto la forza o il desiderio di lanciare una sfida il cui scopo, paradossalmente, era tentare di salvare un uomo debole, che doveva tutto a suo padre.

Nel nome del padre

Verso l'uomo che chiama «mio padre», Edda aveva provato un misto di ammirazione, orgoglio, onore, coraggio e lealtà. Il Mussolini soldato, quello del duello, il Mussolini che pilotava da solo il proprio aereo, che le diceva «bisogna essere capaci di gettare la vita come si getta un fiore», il capo che era amato da tutte le donne, che aveva sempre vent'anni, che inculcava nella figlia la convinzione di dover vincere le paure, dominare i nervi, non piangere mai, amare l'onore in ogni situazione anche a costo della propria vita, che teorizzava insomma la necessità di assomigliare all'immagine di sé anche nel privato, quella stessa immagine che teneva a divulgare in pubblico, da cui era scaturito il "mito" politico del Duce. Secondo il massimo biografo di Mussolini, il grande storico Renzo De Felice, tra i figli di Mussolini, Edda, la prima, quella che gli assomigliò di più, eseguiva gli ordini secondo le regole dell'educazione ricevuta fin da bambina.

Era lo stesso padre che, costantemente, aveva fatto sorvegliare la figlia dalla polizia in borghese per sapere in ogni momento dove fosse, con chi stesse e la natura dei suoi rapporti sentimentali. Si sa che il Duce si occupava di ogni movimento della figlia prediletta, come pensava si dovesse fare con tutti gli italiani. Su ordine di Mussolini, un segretario apriva tutte le sue lettere per spiarne i contenuti. In un libro che ci restituisce con straordinaria intensità l'aria del tempo, *Kaputt* del 1944, Curzio Malaparte ha spinto alle estreme conseguenze questa eccessiva preoccupazione, insinuando che la vera ambizione del padre fosse quella di «spiare la figlia nei momenti di abbandono». Per raggiungere lo scopo, non aveva esitato a buttarle fra le braccia un agente segreto, per poterla vedere nella più segreta intimità, seppure attraverso gli occhi di un altro. Scriveva di Edda il grande scrittore, grande amico di famiglia: «Mussolini sa che la figlia è della razza di Stravoghin, e ne ha paura [...]. Il suo unico nemico, il suo vero rivale, è la figlia. È lei la sua coscienza segreta. [...] In fondo, Mussolini è contento della vita disordinata di sua figlia, del male che l'insidia. [...] Edda è implacabile, ossessiona le sue notti. Ci sarà del sangue, un giorno, fra quel padre e quella figlia»[2].

Già grande, Edda aveva incrinato le più consolidate certezze familiari pensando di sposare un giovane dentista ebreo. Anche per la famiglia di lui quel matrimonio non si poteva fare. Perciò il giovanotto fu spedito all'estero (cosa che, al momento delle leggi razziali lo avrebbe salvato dalla deportazione) e lei si ammalò d'amore. Evitata la *mésalliance* col dentista, Mussolini ne approfittò per mandarla in crociera in India dove incontrò un giovane indiano che divenne il successivo candidato al matrimonio.

Da piccola, Edda era l'ignara portatrice di messaggi scritti dal padre in carcere, biglietti che Mussolini le infilava discretamente nelle tasche affinché giungessero a Pietro Nenni, il suo compagno di allora nel partito socialista. Da ragazza, invece, divenne lei stessa un pacchetto da spedire – in viaggio o da qualsiasi parte ogni volta che il padre lo giudicasse necessario per distrarla o rimuoverla da qualche situazione imbarazzante, contribuendo così a fondare quel tratto distintivo della figlia chiamato poi "irrequietezza". Edda fu una pupilla tutt'altro che docile. A dispetto dell'enorme affetto che nutriva per il padre, trovava comunque il modo di fare "pazzie", mettendolo continuamente alla prova con le sue scelte incongrue.

Edda era a conoscenza della leggenda che la voleva figlia di Angelica Balabanoff e diceva di detestarla. Leggenda avvalorata dal fatto che, alla nascita, era stata registrata "di madre sconosciuta" – visto che Mussolini non aveva ancora sposato Rachele Guidi e, perciò, lui solo aveva riconosciuto la bambina all'anagrafe. Angelica Balabanoff era un'ebrea polacca, amante di Mussolini durante la sua permanenza in Svizzera e, in seguito, era stata collaboratrice del suo giornale «Il Popolo d'Italia». L'acuto interesse di Mussolini per gli avvenimenti della vita della giovane Edda non diminuì affatto dopo il suo matrimonio con Galeazzo Ciano.

Il figlio di Costanzo Ciano, eroe della marina italiana, durante la Prima Guerra, poi sottosegretario nel primo governo Mussolini, armatore,

2 C. Malaparte, *Kaputt*, Adelphi, Milano 2009.

entra in un lampo nella vita di Edda. Predestinati: si conoscono e si sposano. Nel 1930, le famose foto del matrimonio a Villa Torlonia, la principesca residenza sulla Nomentana dove la famiglia Mussolini si è trasferita, documentano l'inizio degli anni del consenso al regime fascista. Già diplomatico in carriera, il giovane e ambizioso Ciano accetta l'incarico di console italiano a Shangai. Un anno dopo è a Pechino. Con grande soddisfazione di Edda che, nel lontano Oriente, si sente finalmente affrancata al dominio paterno. Risalgono agli anni della Cina le prime leggende mondane sui suoi eccessi: tanto al gioco come nel sesso.

Richiamata in Italia, sebbene veda nella carriera politica e mondana del marito una forma di riscatto e indipendenza, è nel legame con il padre che si sente realizzata. Edda continuava ad essere ai suoi ordini. Viene per esempio inviata in missione a Londra per annunciare all'Inghilterra l'invasione imminente dell'Etiopia. Per occupare il tempo libero flirta senza timore con un soldatino. Lo speciale incarico che deve svolgere presso la corte di Adolf Hitler consiste nel rappresentare e mostrare il vero volto e le vere intenzioni del Duce e del fascismo nei confronti della Germania. In uno dei tanti messaggi telegrafici inviati da Mussolini a Edda, si legge: «...Hai tenuto alto il prestigio dell'Italia Fascista – stop – Di ciò ti sono grato anche come Capo di governo».

Il gioco della coppia

Una volta entrato nel grande abbraccio del clan che costituiva il modello familiare del Duce, anche Ciano diventa una pedina da spostare secondo gli interessi del capo – o dell'Italia, visto che facevano tutt'uno. Nel gioco della politica, la sua carriera, un percorso obbligato, lo costringe al ruolo di delfino, il ruolo di «genero del regime» come lo rappresenta una delle battute più feroci, fra le tante che circolano nel bel mondo romano al tempo del fascismo, il «ministro *sui generis*» secondo una versione più sofisticata dello stesso motto di spirito. Capo dell'Ufficio stampa del governo, poi sottosegretario e presto ministro per la Cultura popolare, il potente Minculpop, strumento di controllo autoritario e presto totalitario della stampa. Ed eccolo, nel giro di un paio d'anni, alla testa di tutta la diplomazia italiana, quando nel 1936 diventa ministro degli Esteri.

C'è nel carattere di Ciano un tratto fatuo, un tono andante con brio che ci ha tramandato di lui l'immagine di un seduttore vanesio, di un gerarca magniloquente, di un fascista effimero che fonda il suo potere su un uso politico della mondanità, circondato dalla leggerezza del bel mondo femminile in un clima vacuo e salottiero. Ben consapevole, d'altronde come tutti i gerarchi, del fondamento nel Duce del suo potere e della sua esistenza, Ciano soffre con astio il suo ruolo familiare. Così, se da una parte si ribella alla dittatura del suocero, dall'altra pensa di sottrarsi alle vessazioni della moglie sostituendola con chiunque, comprese le sue amiche. E per lusingare la propria vanità ferita, frequenta tutte le persone più snob e più futili, senza alcuna discriminazione e si lascia andare a confidenze pericolose. Una situazione che l'ambasciatore americano William Phillips riesce a dipingere con pochi tratti icastici: «Il conte Ciano dedica la sua attenzione esclusivamente alle amiche presenti, trascurando del tutto gli ambasciatori. La contessa Edda tiene un identico atteggiamento con i giovani che le fanno la corte»[3].

Si può ipotizzare che, in questa mondanità, Ciano si rifacesse dello smacco costantemente inflittogli dal suocero e che nella futilità della sua posizione di super-ministro egli trovasse il modo di dare libero sfogo al suo spiccato gusto per le compagnie femminili. A propria volta, essendo di suo già identificata a un ideale fallico, Edda adottava i modi del marito, provando in questo modo a salvarsi dall'insoddisfazione coniugale, che rappresentava solo una parte dell'insoddisfazione di fondo da cui era afflitta e che le derivava dal suo non essere arrivata a toccare un desiderio proprio. Per non essere riuscita a stabilire un filo diretto con il proprio desiderio, il desiderio di Edda diventò il desiderio dell'Altro – come di solito avviene per ciascuno di noi, perché il desiderio dell'Altro è l'unico che riusciamo ad articolare o a dimostrare. L'alienazione dell'essere parlante consiste proprio nella percezione della distanza che intercorre fra il soggetto e l'oggetto del suo desiderio. Un gioco? Il gioco – non solo il gioco erotico inseguito da Edda, ma tutta la gamma dei giochi d'azzardo, soprattutto il poker – è stato per lei una vera passione, nel senso della passione che blocca tutto il resto: un dimenticatoio, appunto, un essere altrove. Edda era abituata a far pagare

3 W. Phillips, *Ventures in Diplomacy*, John Murray, London 1955.

le sue perdite dal padre, o più tardi dal suocero, Costanzo Ciano, con la raccomandazione di non dire nulla al marito. Il gioco costituiva la sua vera infedeltà.

Se la fatuità è il tratto di Galeazzo, la cifra di Edda è la tristezza. Quella tristezza non mancava mai di colpire chi l'osservava. Secondo quanto ci restituisce Orio Vergani, il pittore Amerigo Bartoli, incaricato da Galeazzo di dipingere il ritratto suo e di Edda, la tratteggia così: «La voce di Edda era bassa, modulata su un tono profondo e quasi virile come quella di suo padre... Nel volto di Edda, consumato da una febbrile magrezza, si notava come il velo di un silenzioso tormento... mi sembrava di vedere non solo i segni della tristezza per quanto nascosta dalla consuetudine mondana»[4].

La tristezza si accompagnava a una frenesia di uscirne, dimenticare, passare oltre, negando a se stessa la causa della propria irrequietezza, non volendone sapere di tutto questo – il che è certamente legittimo, ma non sempre funziona. Il suo non volerne sapere (cioè la sua rimozione) non è un sistema perfetto e, anche nell'assenza di particolari patologie, ogni tanto facevano breccia un cattivo ricordo, un sintomo, come ad esempio l'insonnia che Edda cercherà di scacciare con ogni mezzo. D'altronde, questo *non voler sapere* è un altro *Leitmotiv* nel quadro psicologico del personaggio che, certo, non aiuta a renderla simpatica. È vero che il suo comportamento durante la guerra, quando era ancora la figlia del Duce, non esprime particolare sensibilità per gli eventi disastrosi che coinvolgevano il popolo italiano e la popolazione dell'Europa intera. Non poteva non essere a conoscenza delle tragedie che la circondavano, se non per questa predisposizione a *non voler sapere*.

Sentirsi *fuori posto* è infatti l'altro tema ricorrente, dominante nella sua vita che si accompagna all'altro *Leitmotiv*. Sappiamo che il posto è definito anche dal nome che si porta. Assegnare un posto al figlio è la prerogativa simbolica del padre che, donando il proprio nome, situa il figlio nella genealogia. Vista l'importanza per Edda di questo padre invadente e geloso – il cui nome si è a lungo confuso con quello del Paese stesso – è lecito chiederci quale significazione abbia avuto per lei essere stata iscritta alla nascita nei registri comunali come figlia di Mussolini e di madre sconosciuta. O, ancora, l'essere stata iscritta a scuola sotto

4 O. Vergani, *Ciano: una lunga confessione*, Longanesi, Milano 1974.

falso nome – per proteggerla (è così che lo si giustificava) visto che il padre era già un attivista politico.

L'attitudine a non affrontare le situazioni complicate si è ripetuta al momento dell'esame di maturità: uno scoglio importante, un Reale, un rito di passaggio dalla fanciullezza all'età adulta. Prima è stata ritirata dall'esame, poi, con la scusa di compiere studi approssimativi, è stata mandata a Poggio Imperiale, in una scuola per principesse dove Edda, a causa della sua infanzia povera, si era sentita *fuori posto* e dove, di conseguenza, era rimasta poco tempo. E quale significazione ha avuto più tardi, per questa figlia di umili origini, prendere il titolo nobiliare di contessa Ciano di Cortellazzo? E, in seguito, quando le è stato imposto l'anonimato, che significazione ha avuto per lei scivolare nelle varie identità di Emilia Santos a Parma, di duchessa d'Aosta e poi di Elsa Pini in Svizzera?

Anche in Svizzera Edda è *fuori posto*: si sente così a Ingebhol, come prigioniera in un convento di suore; a Malevòz, nella clinica di Répond si sente *fuori posto* perché è seguita e curata sul metro della pazzia; nel Vallese si sente *fuori posto* per il ruolo di esule abusiva che gli viene attribuito dai giornali in polemica sul presunto trattamento di favore nei suoi confronti, nei confronti della figlia di Mussolini.

Il nodo dell'esilio

«Ieri 9.1.44, alle ore 09.30 circa, l'app. delle R.R. guardie di finanza mi faceva chiamare al cancello per informarmi da parte del suo Brigadiere, se la duchessa d'Aosta, che si trovava nascosta a Cantello, avrebbe potuto rifugiarsi in Svizzera»: così comincia, secondo il rapporto firmato Tamburini, il passaggio della contessa Edda Ciano alla dogana svizzera. La sua permanenza in Italia non è più possibile, si legge nei rapporti successivi, dopo il fallimento della trattativa per salvare la vita a suo marito. È già scritta, però, la sentenza del processo istruito a Verona, imposto dai tedeschi a Mussolini, contro i traditori che hanno provocato la caduta del fascismo la notte del 25 luglio 1943.

La trattativa di Edda per evitare la fucilazione di Ciano, in cambio dei *Diari* che ha scritto dal primo gennaio 1939 al febbraio 1943, è fallita. I tedeschi li vogliono, con la medesima determinazione con cui vogliono la sua condanna. C'è la discreta assistenza del nunzio apostolico in Svizzera nel passaggio di Edda alla frontiera, nel settore del Gaggiolo, usato per l'espatrio dei perseguitati politici e razziali, poco distante da Cantello sopra Varese, dove è riuscita a nascondersi come Emilia Santos ma presentandosi subito dopo con l'identità della duchessa d'Aosta. Sembra una contadina prosperosa, infagottata in un ampio camicione che per lei ha preparato Emilio Pucci, molto più che un amico in quel momento, vero e proprio regista dell'espatrio. Diventerà una grande firma della moda, nel dopoguerra. Sotto quel camicione, legati alla vita ci sono proprio i *Diari* di Galeazzo. Un attimo prima di svenire rivela alle guardie di confine la sua vera identità: contessa Edda Ciano, figlia di Mussolini[5].

Si realizzano così le ultime volontà del marito trasmesse attraverso una lettera segreta affidata a Frau Beetz, Felizitas, la spia tedesca che deve recuperare i *Diari*, ma che si è innamorata di Galeazzo nel carcere di Verona in attesa del processo e della certa fucilazione. Con i tre figli, Edda viene destinata a Ingenbohl, un rigido convento, per evitare clamori e polemiche, soprattutto fra i rifugiati italiani, per la scelta della Confederazione di dare asilo alla figlia del Duce. Ma il particolare arrivo non passa inosservato. Già il 21 di gennaio la sua identità viene rivelata dalla «Neue Zurcher Zeitung». Qualche giorno dopo, il 26 gennaio, il «Corriere del Ticino» ci mostra in foto, come dice il titolo, «La contessa Ciano con il figlio Fabrizio».

Si era presto creato uno stato d'allarme dovuto ai problemi politici provocati dai rifugiati antifascisti, alle proteste dei locali – con la conseguente necessità di tenere l'ordine pubblico e la stampa sotto stretto controllo della polizia – nonché alla necessità di garantire l'incolumità degli ospiti. Ogni giorno giungevano lettere di protesta riguardo il trattamento privilegiato accordato a Edda, che veniva dichiarata non desiderata. Persino una donna come lei non poteva restare indifferente a questo contesto dirompente. Negli stessi giorni, un rapporto del capo della Bundespolizei, Enrico Camponovo, svela i suoi comportamenti non poco sconvenienti per l'ospite di un convento: «Fuma molte sigarette» e «ama il cognac», si alza «non prima di mezzogiorno», lascia i figli «senz'alcuna cura materna» e la luce del suo appartamento «è spenta unicamente verso la mezzanotte».

5 E. Mannucci, *Il marchese rampante*, Baldini&Castoldi, Milano 1998.

Quel temperamento ribelle che ha segnato la sua vita è il meno adatto per sopportare la cattività nel convento di Ingenbohl, sotto l'arcigno controllo delle suore per sei lunghi mesi. Addirittura chiede di tornare in Italia: «Morire per morire voglio farlo tra la mia gente» scrive al cognato Massimo Magistrati, all'epoca ministro plenipotenziario a Berna, che ci trasmette il suo stato di donna «profondamente sola». Finché nel luglio del 1944 anche la madre generale, Diomira Brandenberg, ne chiede l'allontanamento, «sarà impossibile una prolungata permanenza», appellandosi al danno che «tali ospiti potrebbero arrecare alla Congregazione». Scrive nel rapporto alle autorità: «Die seelische Depression halte an» precisando che l'ospite soffre di depressione psichica, individuando quindi un nesso fra i suoi comportamenti eccentrici e le sue condizioni mentali.

Passaggio a Malévoz

«Il caso di questa rifugiata sembra interessare vivamente il Direttore del complesso di Malévoz, Casa di cura e Servizio di profilassi mentale e di psichiatria sociale, dottor André Répond». Questo commento appare nel rapporto stilato dalla polizia svizzera sotto forma di lettera, firmata dall'ispettore Müller, in data 21 luglio 1944. Il soggiorno di Edda a Malévoz inizia così, grazie alla risposta entusiastica del dottor Répond e al suo transfert – già in atto prima ancora del loro incontro, come solitamente accade tra medico e paziente. Chiaramente, è stata Edda ad essere scelta dal dottor Répond, fatto destinato a incidere sul seguito del trattamento. Altrettanto chiaro è che le autorità svizzere vollero affidare l'ospite scomoda a quel prestigioso rappresentante della classe medica che, per di più, era funzionario della Federazione (vale a dire: controllabile da ogni punto di vista). Secondo quanto documenta minuziosamente Renata Broggini, André Répond dovette render conto alla polizia elvetica e al Consiglio federale di ogni aspetto del suo rapporto terapeutico con Edda: dai dettagli più intimi della vita della sua paziente, alle giustificazioni teoriche del suo metodo terapeutico. Seppur con qualche acrobazia, nel suo rapporto confidenziale Répond doveva permettere a «monsieur le Chef du département» di afferrare alcuni elementi della donna senza violare il segreto professionale.

Rimuovere tutto ciò che è scomodo è un tratto ben conosciuto e studiato da psichiatri e psicanalisti, un tratto che André Répond non ha mancato di sottolineare nella sua perizia psicologica su Edda. Questo tratto ha reso la cura con Répond particolarmente difficile, poiché lo psichiatra si avvaleva di un metodo basato sui principi della psicanalisi che, per funzionare, richiede proprio il contrario, vale a dire un desiderio deciso di voler sapere. Per esempio: sapere perché il dottore s'interessa a me, oppure sapere se io sono veramente la persona che lui crede. In poche parole, un desiderio di sapere su se stessi. Per occuparsi di questa donna e farla uscire del suo ostinato stato depressivo – ragione che l'aveva condotta in quella Casa di cura – il direttore aveva prescritto una cura psicanalitica con più incontri settimanali, secondo la pratica e la dottrina ereditate da Freud e tramandate dal suo proprio maestro, il dottor Eugene Bleuler, un'autorità nella psichiatria. Renata Broggini ha anche intervistato un'allieva di Répond per raccogliere tutte le informazioni utili sul tessuto vivo di questa esperienza, insolita e inattesa per una donna come Edda. Veniamo così a sapere che Répond era un uomo letteralmente venerato dagli allievi non solo perché era considerato un Maestro, ma anche un «uomo dalla personalità ricca, aperta ed estremamente affascinante».

André Répond non era uno psichiatra qualsiasi: aveva un orientamento psicanalitico. Ma soprattutto vantava una speciale competenza sul campo con i suoi studi sugli internati di guerra in Svizzera durante la Prima Guerra Mondiale. Presidente della Federazione mondiale della salute mentale, pioniere nel campo della psichiatria sociale e della profilassi mentale, nel 1930 aveva creato il primo Centro medico psicologico infantile, vantava una competenza specifica. Répond introdusse trattamenti psicoterapici, eseguiti da lui stesso o dai suoi numerosi allievi formati secondo questa prassi nei servizi che dirigeva. Non appena arrivata a Malévoz, «in quella installazione per milionari», Edda si sentì meglio. Il dottor Répond si era subito messo al lavoro con la nuova paziente. Secondo un metodo ispirato alla psicanalisi, furono prescritti colloqui di un'ora al giorno per far emergere dalle parole di Edda le esperienze infantili che l'avevano segnata.

"Una donna come Edda" equivale a dire "la conosciamo bene tutti". Ma proprio questo riflesso automatico rende necessario portare sfumature e fare nuova luce su ciò che è stato tramandato di lei, in modo da uscire dai luoghi comuni che la caratterizzano. Sullo sfondo del rapporto tra lo psichiatra e la paziente si stagliano gli eventi drammatici della sua vita ma anche tutta la storia del tempo: dalla fucilazione del marito alla morte del padre, e prima il crollo definitivo del fascismo, il proseguimento della guerra e infine la disfatta e la fine del nazismo e di Hitler. Si deve dire che, attraverso il racconto di Répond, è la parola di Edda Ciano che possiamo sentire. Sono molte le cose che la paziente racconta all'analista, che il direttore registra quasi alla lettera e ritroviamo nella relazione al Consiglio federale.

Ecco la personale leggenda delle origini: una vera e propria anamnesi psichiatrica delle tare familiari che Edda avrebbe ereditato da Benito e Rachele: «È certo che da un punto di vista psichiatrico la famiglia Mussolini è tarata ereditariamente [...]. Lo stesso Mussolini è sempre stato un grande nevrotico, impulsivo, mutevole, emotivo, molto suggestionabile quanto grande incantatore. [...] Debole e autoritario nello stesso modo aveva, secondo la descrizione di sua figlia [...], la mentalità e la deformazione professionale di un maestro delle elementari». Secondo la figlia, lo stesso slogan totalitario del Duce viene dal suo primo mestiere: come ogni maestro «Mussolini ha sempre ragione».

Sullo stesso registro, protagonista di una specie di totalitarismo familiare, il ritratto di Rachele. Prepotente e violenta, piena di risentimenti e di revanscismi, capace di terrorizzare ministri e gerarchi minacciando fucilazioni e deportazioni. Nelle sue sedute analitiche Edda avrebbe ricordato di essere stata schiaffeggiata dalla madre anche dopo il matrimonio. Sarebbe stata lei in ultima analisi l'artefice della campagna di denigrazione che alla fine avrebbe portato alla fucilazione di Galeazzo Ciano.

Répond sa ascoltare i racconti di Edda: ed ecco quindi le sue intemperanze da giovinetta, la vita matrimoniale infelice, la bulimia sessuale speculare alle frequentazioni femminili del marito e contigua alla passione per il gioco, il suo fastidio per la Roma di regime e la sua predilezione per Capri, il profondo fastidio per le incombenze casalinghe, la profonda noia esistenziale. Répond, sebbene Edda si dichiari refrattaria alla verità («non ama la verità») dedica molto tempo ed energie al contesto storico e politico delle narrazioni della figlia di Mussolini: sostiene di non aver avuto un ruolo diretto nella politica del regime, ma contraddicendosi si presenta come uno spirito liberale pronta a difendere gli italiani dagli eccessi vessatori del padre... Ma soprattutto era intervenuta per costringere il padre a chiudere la relazione con la giovane amante Clara Petacci. Inascoltata. Come quando avrebbe consigliato di non cedere a Hitler, dopo la liberazione dalla prigionia sul Gran Sasso nel settembre del 1943, di tornare al potere nell'Italia del Nord alla guida della Repubblica sociale, lo Stato fantoccio della Germania.

Un caso clinico

Se è vero che lo psichiatra svizzero, investito di un ruolo paragonabile a quello di un pubblico ufficiale, ha il compito di rappresentare il profilo di Edda Ciano così come la vedono o la vogliono vedere gli altri, nel suo racconto si può seguire un filo sottile, un percorso carsico, nel quale si può sentire la voce più nascosta di Edda. Che cosa pensa Edda di se stessa; come lei si rappresenta. Facendo perno sul discorso di Edda, si è provato a seguire nella relazione di Répond, come in uno specchio senza riflesso, anzi dietro lo specchio, la traccia della sua condizione di donna sola.

André Répond ci ha lasciato questo ritratto di Edda:

> Edda Ciano è nata in condizioni normali. È stata – dice – una bambina delicata, la cui salute è sempre stata oggetto di preoccupazioni e cure. Per fortificarla, è stata sottoposta a numerose cure e terapie. In effetti, è di costituzione astenica, nervosa su cui si sono impiantati ulteriori disturbi nevrotici detti di *conversione*, fenomeni ipocondriaci, disturbi fisiologici dovuti a una cattiva igiene generale [...].
> Appetito volubile, irregolare, lunghi periodi d'inappetenza, persino bulimie. Stitichezza difficile (una delle poche cattive abitudini che sono facilmente riuscito a guarire). Mal di testa ed emicranie, sensazione di fatica, di spossatezza. Ma, è soprattutto nel campo psicologico che Edda Ciano mostra le anomalie più marcate: instabilità, impulsività, alternanza tra fasi depressive ed euforiche, fuga dalla realtà, subordinazione del ragionamento e del giudizio alla sfera emotiva, e infine complessi affettivi dissociati dalla sua esistenza cosciente, che la guidano senza che lei se ne renda conto. Insomma, malgrado una bella e colta intelligenza, lucida e penetrante, una grande nevrotica [...].
> Edda Ciano afferma di essere stata una ragazza saggia fino al suo matrimonio. Avrebbe persino provato un profondo disgusto per tutte le

cose sessuali, rinforzato dall'ostentazione delle infelicità coniugali dei suoi genitori [...]. Ad ogni modo, l'unione fu lungi dall'essere felice. Edda Ciano era totalmente frigida. Ci fu un dramma durante la prima notte di nozze. Lei voleva fuggire, suicidarsi, in altre parole si era comportata nel modo più anormale e nevrotico possibile [...].
Al suo arrivo Edda Ciano era sprofondata in una seria depressione, morale e psichica. Era alquanto dimagrita, quasi non dormiva, se non con dei farmaci, non aveva appetito, era continuamente immersa in pensieri tristi, si faceva violenti rimproveri rispetto a suo marito e a suo padre [...].
In realtà, Edda Ciano è rimasta profondamente attaccata a suo padre. Benché pretendesse di essere stata meno toccata dalla sua tragica fine che da quella di suo marito, lei ne era stata completamente sconvolta. Bisogna forse sperare che l'influenza di questa catastrofe sarà durevole sul suo carattere e la condurrà in qualche modo a migliorare il suo comportamento e le sue attitudini. Edda Ciano ha infatti due modi molto diversi di abreagire [*sic*] le sue emozioni spiacevoli. Considerato quanto è ipersensibile e iperemotiva, Edda cade facilmente in depressione – che lei teme con tutto il suo corteo di sintomi fisici e psichici. L'altra maniera è quella di fuggire la realtà stordendosene e divertendosi [...].
La signora Ciano presenta disturbi patologici del carattere e del comportamento, e numerosi sintomi nevrotici caratteristici. Nel suo stato c'è una parte chiaramente ereditaria, e il resto proviene dall'educazione difettosa e dalle circostanze eccezionali della sua esistenza. Le alternanze tra depressione ed euforia, che non sono legate solo alle peripezie della sua vita, ma sono in gran parte endogene, danno al suo comportamento un aspetto strambo e indisciplinato che la fa giudicare molto male. Quale che sia l'acutezza della sua intelligenza, appare poco capace di apprezzare in modo sano la realtà e di adattarvici sufficientemente, almeno nelle attuali condizioni.

L'analisi impossibile

Sulla base del quadro clinico tracciato da Répond, seguendo il lungo racconto dello psichiatra, scopriamo la complessità del suo rapporto con «madame Ciano». Fin dal principio ha capito che la complessa personalità della sua paziente non può essere costretta alle regole di una prigione di fatto ma ha bisogno di una terapia basata su una relativa libertà. Una constatazione ovvia, come scrive, se l'identità della sua paziente non fosse oggetto di una continua attenzione da parte delle autorità federali, dei giornali, degli antifascisti e della gente. Ma soprattutto il direttore di Malévoz è preoccupato dell'accusa di aver usato un trattamento di favore per la figlia del Duce.

Dal momento dell'arrivo in Svizzera, una delle principali preoccupazioni della contessa Ciano era stata di obbedire alla volontà di Galeazzo di pubblicare i *Diari* il più presto possibile. C'è un compito per lei da eseguire, da sola, per se stessa. Lei gli ha raccontato che proprio per mettere al sicuro quelle segrete carte ha deciso di rifugiarsi in Svizzera. Sono il nodo intorno al quale si è aggrovigliata di nuovo la sua vita, privata di un pezzo di sé dalla morte del marito. Proprio quella morte di cui si considera responsabile, non solo per aver spinto il marito a schierarsi contro Mussolini, dice, ma soprattutto per non essere riuscita a impedire la sua fucilazione costringendo il padre, il Duce, a salvarlo. Edda, fino a quel passaggio lacerante della sua esistenza, non aveva mai avuto bisogno di affermare il proprio essere. Seguiva e accettava, seppure ribellandosi, le leggi fissate dal padre, dal marito, dal regime, dalla società.

Répond intuisce di avere a che fare col suo risveglio, di fronte all'imprevisto che le consente di compiere un taglio: «Duce tu non sei più mio padre» è il taglio significante. Le parole di Edda, ascoltate dal fratello Vittorio che aspettava in anticamera, durante il loro ultimo incontro a Gargnano, presumibilmente il primo gennaio 1944, rappresentano un ribaltamento radicale e tragico, fra amore e odio, paragonabile al tripudio popolare degli italiani il giorno della caduta del regime, il 25 luglio[6]. Quando, confrontata all'inanità del padre, incapace di salvare il marito della figlia e il padre dei suoi nipoti, lo disconosce con poche fulminanti parole, si rende conto di essere investita di un suo potere, «il potere di essere verso tutti e contro tutti ciò che lei è». In nome di una fedeltà postuma, sceglie quindi il marito disconoscendo, o meglio rinnegando, la legge del padre.

Si tratta della nascita di un desiderio nuovo, da realizzare rischiando anche la vita, entrando in quella zona che Jacques Lacan ha chiamato

6 A. Spinosa, *Edda: una tragedia italiana*, Mondadori, Milano 1993.

«seconda morte», zona nella quale il soggetto si avventura quando sente di avere oltrepassato un limite: «Quell'*ex nihilo* intorno al quale il soggetto si tiene». Non è difficile riconoscere le citazioni del seminario di Lacan sull'*Etica della psicanalisi* in cui si parla della scelta di Antigone. Edda è sembrata una *Piccola Antigone fascista*. Non è riuscita a salvare la vita del marito ma, forse cosa più importante della vita stessa, deve salvare il suo nome. Come è stato scritto: «L'oggetto Diario con la sua carica simbolica, in quanto metafora della coppia, la legherà alla vita malgrado e contro la pulsione di morte che l'accomunava all'Antigone del mito»[7].

Ecco come e perché ben presto i *Diari* di Galeazzo entrano nell'analisi di Edda. Sono il punto di passaggio per Edda, pensa e scrive Répond. Crede alle sue paure, cioè che quelle carte le possano essere sottratte dagli agenti della Gestapo che in segreto l'hanno seguita fino in Svizzera: prima le consiglia di farne delle copie trascrivendoli di suo pugno per diminuire i rischi di una perdita, poi le suggerisce di metterli in una banca. Ma siccome a Monthey non ci sono cassette di sicurezza, decide di accompagnarla in macchina ad Aigle dove finalmente i *Diari* trovano rifugio. Répond si occupa molto di Edda, anche fuori dalle sedute che le fissa ogni mattina con suo gran dispetto per l'orario scelto. L'accompagna a Losanna per incontrare Virginia Bourbon del Monte, la madre di Gianni Agnelli, la sua grande amica che vorrebbe si trasferisse in Engadina, a Champfèr, in una residenza privata per passare il Natale con i figli. La vicinanza con la frontiera italiana mette in sospetto la polizia che decide di far fallire il progetto. Tutte le preoccupazioni del medico sono raccontate nel sesto paragrafo della sua relazione: *Attitude et comportement de Madame Edda Ciano pendant son séjour à Malévoz*. Si fa strada in Répond prima il sospetto e poi la consapevolezza che Edda non voglia essere cambiata, non desideri essere diversa da come è, da come è sempre stata. Riconosce che ci sono due processi diversi che entrano in gioco per l'«abreazione» (usa proprio il termine inventato da Freud e Breuler), per rimuovere le sue emozioni più penose: siccome è

7 M. Drazien, *Piccola Antigone fascista*, in Id. (a cura di), *Coppie. Una storia psicanalitica: il nodo di Lacan*, Carocci, Roma 2007, pp. 164-167. Vedi anche Id., *Tu non sei più mio padre*, in «La Célibataire», n. 7, 2003. Le citazioni di Jean Anouilh e di Sofocle si trovano in J. Lacan, Il seminario, Libro VII, *L'etica della psicoanalisi*, Einaudi, Torino 1994, pp. 309-361.

ipersensibile ed emotiva, cade facilmente in depressione o invece sfugge alla realtà stordendosi nel divertimento, o peggio ancora nell'infrazione di qualsiasi regola. È in questo contesto che, con un certo dispetto, racconta delle sue avventure con due pazienti della clinica, delle sue fughe dalle finestre, delle sue frequentazioni di bar equivoci, dei suoi rientri notturni a piedi nudi... Il racconto è lungo e dettagliato, ma Répond riesce a sintetizzarlo in poche righe: «Durante il trattamento psicologico, ho cercato di ottenere un miglioramento del carattere e del comportamento, di adattarla a quella realtà così diversa che era ormai la sua. All'inizio, tutto andava benissimo e sembrava si potessero ottenere notevoli progressi. Ma la signora Ciano si stancò presto di questo sforzo con la pretesa che lei non ci teneva affatto a cambiare...».

Un altro scoglio si è frapposto tra lei e una vera svolta nella vita – una svolta, dunque, mancata. A fare dell'incontro con Répond uno "scacco", se vogliamo chiamarlo così, è stata la disposizione più che positiva dello psichiatra nei confronti della paziente. Un paradosso, si potrebbe dire. Ma, tecnicamente, era come se quel necessario desiderio di sapere appartenesse a Répond più che a Edda, ed è come se la sua proposta di aiuto psicologico non trovasse un riscontro nella paziente. In altre parole, era come se il suo interesse per Edda cadesse nel vuoto o, ancora, era come se lui domandasse a lei di domandare. Diciamo "scacco" – così effettivamente potrebbe esser letta la fine della permanenza di Edda a Malévoz – riferendoci al risvolto negativo di un transfert così indebitamente positivo – che ha facilitato un uso spietato di tale favore da parte della paziente. In tal modo, per entrambi si consolidò un danno: le posizioni di Edda restavano immutate mentre Répond, che giustificava teoricamente alcune irregolarità emerse nel proprio operato, andò incontro a un clamoroso fallimento della cura. Confessa di sentirsi fra l'incudine e il martello: «Il ruolo del medico in un simile conflitto è particolarmente difficile, se non addirittura impossibile».

È possibile che il disappunto di Répond abbia pesato sulla decisione, poche parole per chiedere di essere sollevato, anzi «débarrassé», sbarazzato da ogni responsabilità nei confronti della sua paziente. La conseguenza va al di là della richiesta di allontanamento da Malévoz. Edda viene espulsa dalla Svizzera e rispedita in Italia. Lei protesta, fa ricorso, convince Répond a riprenderla. Ma ormai la guerra è finita da un paio di mesi. Non c'è nessuna ragione per trattenere Edda in Svizzera come rifugiata. La cerimonia del ritorno si svolge il 29 agosto del 1945: ad accompagnarla verso la frontiera ci sono Emilio Pucci e Virginia Agnelli con la figlia Susanna che porta anche un mazzo di fiori. Gli svizzeri alzano le barriere. E anche gli americani. Il capo dello spionaggio Usa è già in possesso dei *Diari* di Ciano. A Chiasso due camionette italiane, una per i bagagli, l'aspettano. Si accomiata con grande dignità. Tutti sono commossi. Il più commosso è proprio il dottor André Répond.

Post scriptum

Confinata a Lipari, nel settembre del 1945, viene intervistata da tre grandi firme del dopoguerra: Igor Mann, Jader Jacobelli e Carlo Levi. Allo scrittore di *Cristo si è fermato a Eboli*, allora giornalista per il quotidiano del Partito d'Azione, che gli chiedeva della sue sedute analitiche a Malévoz rispose irridente: «La psicanalisi! Non me ne parli. Sono tutte stupidaggini. Me la volevano fare ora in Svizzera, in quel manicomio [...]. C'era un medico là che mi ha fatto delle sedute di psicoterapia: mi faceva delle domande come se io avessi bisogno di essere curata. Era una specie di passatempo [...] ho vissuto trentacinque anni con i miei "complex" e me ne trovo benissimo»[8].

8 C. Levi, *Edda Mussolini a Lipari*, in «Italia Libera», Roma 21-22 settembre 1945.

3. *L'Origine du Monde*: «Vedere tutto»*

Chi non conosce questo famoso quadro di Courbet?

Chi non è a conoscenza dell'interesse manifestato dallo psicanalista francese Jacques Lacan[1] per l'opera che aveva acquistato ed esposto nella sua casa, nascosta – come a lui piaceva fare anche con altre opere – per poi svelarla agli sguardi degli *happy few*?

Chi non si è detto che in questo quadro – che rappresenta l'origine mitica del mondo che sorge dal buco nero primordiale, quadro ormai esposto allo sguardo di tutti al Musée d'Orsay di Parigi – non manca proprio niente? Chi resiste all'impulso momentaneo di chiudere gli occhi, di velare il proprio sguardo – come accade negli affreschi della Villa dei Misteri, a Pompei – in questo quadro potrà finalmente "vedere tutto", almeno per ciò che riguarda l'organo sessuale femminile.

Si potrebbe anche dire che è proprio questo quadro, nel suo spudorato realismo, che grida la mancanza che riconosciamo sotto il nome di "castrazione". Ma anche questa mancanza si vede bene.

Cosa mai ha potuto catturare così tanto Lacan in questa rappresentazione impudica della *Cosa*? L'origine di tutti noi, la caverna dentro la quale nessuno tornerà mai più? O il punto della caverna in cui si è risucchiati, se si può dire ipnotizzati, dentro il vortice del buco nero che cattura lo sguardo? In ogni modo, questo quadro ci offre l'oggetto com-

* Relazione tenuta al Convegno "Psicanalisi e Arte", Archivio di Stato, Roma, ottobre 2015.

1 Si veda in proposito T. Savatier, *Coubert e «L'origine del mondo». Storia di un quadro scandaloso*, Medusa, Milano 2008.

pleto, il Reale svelato nell'organo, Reale in cui Lacan vede il cuore della nostra esperienza: è l'oggetto, che finalmente si coglie.

"Vedere tutto" non è solo lo scopo dell'interesse del bambino sul proprio corpo o sul corpo del compagno o della compagna. Non si tratta solo della scoptofilia di ogni piccolo perverso polimorfo. Il desiderio di vedere tutto è sempre vivo, ma per gli artisti si tratta della loro vera vocazione, e, possiamo ipotizzare, del loro desiderio di catturare lo sguardo dell'altro, di spiazzarlo, di rappresentare ciò che supera quel che si chiede di vedere.

Il Rinascimento ha conosciuto discussioni accese sul "vedere tutto" e, anche, sui meriti rispettivi della pittura o della scultura; la scultura potendo rendere la completezza dell'opera, là dove la piatta pittura non rende conto di ciò che si trova *dietro*.

L'interesse per ciò che c'è *dietro* di certi artisti si è rivelato nel caso del quadro *Las Meninas* di Velázquez, studiato da Lacan nel seminario *L'objet de la psychanalyse*[2]. Lacan vede questo quadro come una sorta di "carta girata". Questo "quadro nel quadro" realizzato da Velázquez dimostra che l'artista non ignora affatto la divisione tramite cui il soggetto è catturato dall'opera d'arte, dalla domanda "cosa c'è dietro?". L'artista partecipa di questa divisione poiché, come noi, è lui stesso in possesso di uno strumento imperfetto che dice sempre meno di ciò che vorrebbe, e sempre di più[3].

Anche Tiziano con la sua *Donna allo specchio* ha interrogato questo "vedere tutto"[4]. La bella dama bionda del quadro che si rimira dice parole non dette, fa domande che non pretendono nessuna risposta: «Come potrei essere vista da qualcuno senza che mi si veda? Come vedermi

2 J. Lacan, Il seminario, Libro XVIII, *L'objet de la psychanalyse* (1965-1966), inedito. Lacan commenta il celebre quadro di Velázquez in particolare nelle lezioni dell'11 e del 25 maggio 1966.

3 Il riferimento è a una celebre tesi di Jacques Lacan secondo cui noi, parlando, diciamo sempre più di quanto vorremmo e sempre meno di quanto avremmo voluto. Come dire che, nell'ordine del linguaggio, il soggetto non è padrone, ma è *subiectum* al significante. Proprio nello scarto tra la volontà di dire e l'evento della parola, tra ciò che *si vuole dire* e ciò che *si dice*, si apre quel margine in cui affiora qualcosa del soggetto dell'inconscio o delle formazioni dell'inconscio. Si veda J. Lacan, Il seminario, Libro I, *Gli scritti tecnici di Freud* (1953-1954), Einaudi, Torino 1978, p. 320.

4 Cfr. capitolo 1, *La macchia di Venere: «Come mi si vede?»*, p. 15.

da dove l'altro mi guarda? Come potrei vedermi vedendomi?». Così, al centro del quadro di Tiziano, non è affatto lo specchio ma lo sguardo. Lo sguardo di lei, lo sguardo di lui, lo sguardo del mondo, come abbiamo detto.

Lacan ha illustrato in un passo importante del seminario sul transfert[5] il quadro *Amore e Psiche* di Jacopo Zucchi, definendolo un quadro *esemplare*. Il suo tratto saliente è la presenza-assenza, ma un'assenza "presentificata" da un certo oggetto, ovvero il fallo, mascherato da un mazzo di fiori. Lacan ci suggerisce che dietro una maschera «ogni forma si sottrae e svanisce»[6]. Non sappiamo niente di ciò che c'è *dietro*, c'è un vuoto, forse non c'è nulla. Un vuoto è insito persino nella nostra questione: «Cosa c'è dietro?». Non per niente, è una questione posta da uno psicanalista, da qualcuno cioè sempre attento alla pertinenza con i problemi della clinica. Questo vuoto è proprio il punto in cui lo spettatore entra nel quadro. Il vuoto è angosciante, come nel quadro *Gli Ambasciatori* di Holbein, in cui viene indicato dal teschio, dalla morte.

L'insistenza a "vedere tutto", persino ciò che lo spazio non permette di cogliere, ha ispirato un quadro che Lucio Fontana ha intitolato *La fine di Dio*, il suo famoso quadro strappato, bucato, come per accedere all'altra faccia, la faccia nascosta: la faccia di Dio appunto. Si sa che Courbet, autore dell'*Origine du monde*, ha dipinto il proprio incontro con l'altra sua faccia; più che il doppio di se stesso, è il suo rovescio. Potrebbe essere la ricerca dell'Uno, non sorprendente nel caso dell'artista Courbet, alla ricerca di un rimedio alla dolorosa divisione del soggetto.

La pulsione scopica operante nel proposito di poter "vedere tutto" ha indotto illustri fotografi dell'Ottocento a installare le loro macchine fotografiche, a esposizione lenta, in modo da registrare, e vedere, le tracce lasciate dai passi, dal passaggio di una figura. Captare la mobilità ha ispirato anche Marcel Duchamp nel suo *Nudo che scende le scale.*

La ricerca dell'artista, come l'artigiano al quale tenta qualche volta di identificarsi, lo porta a triturare la materia, a penetrarla e soprattutto a sovvertire i suoi limiti. Queste forme d'interrogazione, di sperimentazione dell'artista hanno marcato la storia dell'arte, e non solo l'arte pla-

5 J. Lacan, Il seminario, Libro VIII, *Il transfert* (1960-1961), Einaudi, Torino 2001, nella lezione del 12 aprile 1961, pp. 143-257.

6 Ivi, p. 261.

stica. Esperimenti con il linguaggio nel campo della letteratura e della poesia, della fotografia e del cinema ne sono la prova, e sono la manifestazione che l'artista non si rassegna al vuoto cui fa cenno Lacan; cioè alla minaccia che *dietro* non ci sia altro che un vuoto, che il vuoto sia tutto. Si può chiamare questo la ricerca del *Reale* o addirittura la sfida dell'arte al *Reale*.

Chi ha raccolto questa sfida al *Reale*, e l'ha assunta come una missione, come una ragione per scrivere è l'artista del *Ritratto*[7], James Joyce. È lui il più illustre sovvertitore della lingua, se non teniamo conto della "Giovanna d'Arco" – la paziente di cui parla Lacan nel suo testo *Scritti "ispirati": schizografia*[8] – che voleva "rivoluzionare la lingua" per lo stesso motivo dell'autore di *Finnegans Wake*, cioè per eliminare l'Immaginario e arrivare a una lingua Reale. Questa ricerca sfocia o nella follia, come nel caso della nostra Giovanna d'Arco, o nell'arte spinta ai suoi limiti di sopportabilità. Infatti arrivano all'insopportabile e alla follia gli amanti del film dell'autore giapponese Nagisa Ōshima, *Ecco l'impero dei sensi*, citato da Lacan[9]. Nel *dénouement*, nell'esito della folle passione, vi è la prova cruenta che la fusione sessuale di due corpi è impossibile. Spinta oltre, la messa alla prova di questo impossibile sfocia in un atto che raggiunge effettivamente il *Reale*, fatale: non si riesce a "fare Uno".

Fino a che punto si è spinto Joyce in questa ricerca dell'*Uno*? È arrivato a toccare questo Reale? Lacan non ha mai cessato di chiederselo. Le domande "Joyce era pazzo?"[10] o "le sue parole gli erano imposte?"[11] dimostrano con quale insistenza indagasse l'enigma Joyce.

7 J. Joyce, *Dedalus. Ritratto dell'artista da giovane*, Adelphi, Milano 1990.

8 J. Lacan, *Della psicosi paranoica nei suoi rapporti con la personalità* seguito da *Primi scritti sulla paranoia*, Einaudi, Torino 1980, pp. 333-350.

9 J. Lacan, Il seminario, Libro XXIII, *Il sinthomo* (1975-1976), Astrolabio, Roma 2006, pp. 122-123.

10 Lacan pone questa domanda nel suo seminario *Il sinthomo* (1975-1976), cit., p. 84: «La questione che sollevo, vale a dire se Joyce fosse pazzo, sì o no, può trovare qui un orientamento. Pazzo – dopotutto, perché Joyce non lo sarebbe stato? Tanto più che non si tratta di un privilegio, se è vero che nella maggior parte della gente il simbolico, l'immaginario e il reale sono ingarbugliati a tal punto da continuarsi l'uno nell'altro».

11 Lacan, Il seminario, Libro XVIII, *Il sinthomo* (1975-1976), cit., p. 92: «Riguardo alla parola, non si può negare che qualcosa fosse, a Joyce, imposto».

Del suo sforzo a raggiungere questo Uno sappiamo qualcosa dalle sue lettere, soprattutto dalle *Lettere* a Nora (notiamo bene l'uso della lettera, il materiale dello scrittore). Nora è "la donna non barrata", che è stata per lui più di una moglie, più di un sostegno. Si tratta del fenomeno a cui Lacan ha consacrato quello che alcuni considerano tra i suoi ultimi più importanti seminari, *Il sinthomo*. «Che cos'è dunque il rapporto di Joyce con Nora?»[12] si chiedeva, per poi concludere che Nora era il *sinthomo* di Joyce, *sinthomo* scritto con l'"h".

Leggiamo alcune lettere della corrispondenza oscena tra Joyce e Nora per renderci conto della trama che lo scrittore tesseva per imbastire con il linguaggio, con la sua scrittura, ciò che Lacan ha nominato un "rapporto sessuale", lo stesso rapporto sessuale che formulava altrove come "non esistente". Invece per Joyce questo "impossibile" si è realizzato. Qui scrivere è prendere parte al fare di un corpo sessuato.

Si cita dalle *Lettere* di Joyce, lettere la cui sonorità sembra uguale all'atto stesso, breve, brutale, irresistibile, lettere alle quali mancano fino ad oggi le risposte di Nora, che lui chiamava il suo «piccolo uccello fottitore». Nel 1975 Richard Ellmann ha realizzato questa scabrosa pubblicazione che ha irritato non poco la famiglia e gli amici intimi, rimasti tutti sbalorditi[13]. Sono lettere – appartengono dunque alla dimensione dello scritto – che fanno ben cogliere questa spinta di Joyce a "fare Uno" con Nora e che toccano questo Reale attraverso la scrittura.

Scrive Joyce: «Tu sai come farmi eccitare, quello che mi scrivi mi fa godere, letteralmente».

«Su questa pagina quel che mi riempie (è) la follia stessa del desiderio».

«Vorrei attraversare la vita al tuo fianco, dirti più e più cose ancora *fino a formare insieme un unico essere*».

«*Vorrei darti tutto quello che ho*».

«Ah, se potessi annidarmi nel tuo seno come un bambino nato dalla tua carne e dal tuo sangue, essere nutrito dal tuo sangue, dormire nella segreta e calda oscurità del tuo corpo».

12 Ivi, p. 80.

13 Nel 1975, Richard Ellmann aveva dato alle stampe una selezione di lettere erotiche con il titolo *Selected Letters of James Joyce*, Faber&Faber, London 1975. Ha di nuovo editato il volume nel 2003. Segnaliamo inoltre, a chi fosse interessato a queste lettere, J. Joyce, *Lettere e saggi*, E. Terrinoni (a cura di), Il Saggiatore, Milano 2016. Si veda anche la monumentale biografia di Richard Ellmann, *James Joyce*, Castelvecchi, Roma 2016.

«*Datti a me, tutta…*».
«Sei il mio unico amore. Mi hai completamente in tuo potere».
«Presto il mio corpo penetrerà nel tuo: ah, se anche la mia anima potesse fare lo stesso!».

Calzarla come un guanto[14], un guanto che deve pure stringere, è come Joyce vuole realizzare il loro corpo a corpo e come cerca di entrare nella pelle di Nora. Questo è ciò che Lacan riesce a rappresentare sul nodo borromeo, visto che il nodo è Reale ed esiste a tre dimensioni nello spazio. Joyce aveva sperimentato ancora un altro modo di fusione con Nora – che leggiamo nelle *Notes* all'opera teatrale *Esuli*[15] – che lui descrive attraverso un rapporto a tre, con un altro uomo che gode della stessa donna.

Dire che Nora sia per Joyce "La donna" equivale al fatto che ci sia rapporto sessuale tra Nora e Jim (è il nomignolo col quale lei lo chiama) e questo ci permette di riconoscere Nora in quanto *sinthomo* – tra loro due esiste un'equivalenza che fa sì che ci sia *sinthomo*.

È nella sfida al Reale – e in ciò che comporta per l'artista di *déjouer*, cioè di sventare attraverso la sua creazione l'impossibile dell'interpenetrabilità dei corpi – che per ciascuno si annida la possibilità di trovare nell'arte il proprio *sinthomo*.

14 Lacan, Il seminario, Libro XVIII, *Il sinthomo* (1975-1976), cit., p. 80: «Il guanto rivoltato è Nora. È il suo modo di considerare che lei gli calza come un guanto […] non gli basta che lei gli calzi come un guanto, bisogna pure che lei lo serri come un guanto».

15 J. Joyce, *Esuli*, Editori Internazionali Riuniti, Roma 2012, pp. 287-303.

4. Rina Fort: «La belva di San Gregorio»*

«Una specie di demonio si aggira dunque per la città, invisibile, e sta forse preparandosi a nuovo sangue». Inizia così l'articolo di Dino Buzzati, giornalista ancor prima che scrittore, apparso sul «Corriere della Sera» il 3 dicembre 1946. Milano e l'Italia intera erano sconvolti dal delitto di Rina Fort, il più clamoroso fatto di cronaca nera del primo dopoguerra[1].

Il 30 novembre 1946 Rina Fort uccise la moglie incinta del suo amante e i suoi tre bambini, colpendoli con una spranga di ferro.

«Si direbbe che Rina Fort non veda e non ascolti. Vien perfino fatto di credere che non pensi a niente» scrisse allora Buzzati. Le sue impressioni al processo registrano una donna inquietante: così egli la vede, la sente, la descrive[2].

* Il testo è stato pubblicato in N. Dissez, C. Fanelli (a cura di), *Il sapere che viene dai folli*, DeriveApprodi, Roma 2017.

1 Si sa che *il regime* era fortemente contrario e censurava ogni accenno alla cronaca nera. La nuova Italia fascista non ammetteva il comportamento antisociale, contrario agli ideali dell'uomo nuovo che il fascismo esaltava. Questa scelta politica permetteva inoltre al grande pubblico di ignorare "devianze" imbarazzanti, come potevano apparire gli eccessi perpetrati dalla stessa famiglia del Duce, come ad esempio il gusto per la tavola da gioco compulsivamente inseguito da sua figlia Edda. Allo stesso modo il regime non poteva permettersi di dare risalto a mogli infedeli o dissolute, a donne emancipatesi dal ruolo di moglie e madre.

2 D. Buzzati, *Cronache nere*, O. del Buono (a cura di), Edizioni Theoria, Roma-Napoli 1984.

Due crimini orribili

L'immagine singolare che riesce a trasmettere Rina Fort e il carattere problematico del suo silenzio richiamano alla nostra memoria un'altra storia, un'altra donna, Christine Papin, protagonista assieme alla sorella Lèa di un delitto che scosse la Francia degli anni Trenta.

Jacques Lacan, nel suo scritto del 1933 dedicato al caso, intitolato *Le crime des soeurs Papin. Motifs du crime paranoïaque*[3], parla di "mistero" riguardo alla motivazione di questo crimine la cui opacità enigmatica investì l'intera comunità.

I fratelli Tharaud, giornalisti del «Paris Soir», seguirono allora il processo che appassionò l'opinione pubblica mondiale. I Tharaud cercarono di difendere le due sorelle, Léa e Christine, facendo pubblico appello ai giudici affinché riflettessero sul caso in modo diverso e riconoscessero «qualcosa di più terribile del sangue versato»[4].

Ma, ad accomunare le due protagoniste del delitto (Christine Papin e Rina Fort) non è soltanto la risonanza pubblica dell'orrore suscitato dal loro crimine. Come veniamo a sapere dalle testimonianze rese "dal vivo" dai Tharaud e da Dino Buzzati, Christine era «impenetrabile», di una «indifferenza assoluta»; Rina era chiusa in un «silenzio ottuso». Christine era «discordante». Di Rina colpivano «la contraddizione e la negazione» di cui recano traccia i ventuno verbali del suo interrogatorio. In ciascun verbale, la storia del delitto era ripresa ogni volta per intero

3 J. Lacan, *Le crime des sœurs Papin. Motifs du crime paranoïaque*, in «Le Minotaure», dicembre 1933; trad.it. *Motivi del delitto paranoico: il delitto delle sorelle Papin*, in Id., *Della psicosi paranoica nei suoi rapporti con la personalità* seguito da *Primi scritti sulla paranoia*, Einaudi, Torino 1980, pp. 357-366.

4 F. Dupré, *La "solution" du passage à l'acte*, Érès, Toulouse 1984. L'interesse dell'autrice per il caso di Rina Fort è nato dalla lettura di questo volume. Prendendo spunto dal breve studio, quasi contemporaneo ai fatti, realizzato da Jacques Lacan per la rivista surrealista «Le Minotaure», gli autori riesaminano il caso delle sorelle Papin, molto celebre in Francia. Realizzano così un'indagine esauriente di tutto il materiale dell'epoca disponibile, attingendo a giornali, perizie e testimonianze, e incentrano l'analisi del caso sull'enigma che pone un passaggio all'atto così efferato in cui due *bonnes*, due domestiche, apparentemente "senza storia", uccidono i loro due padroni. Questo testo è stato di incoraggiamento ad adottare il metodo esposto e i riferimenti necessari a una lettura adeguata per casi enigmatici centrati sul passaggio all'atto, isolati a prima vista da qualsiasi patologia psichiatrica.

dalla protagonista e ogni volta in modo diverso. Interrogata, Christine dichiarò di non aver nulla da rimproverare alle sue vittime; Rina invece dichiarò di amare i bambini che aveva ucciso. Per Rina non abbiamo trovato traccia di pentimento o rimorso. Se Christine, dopo aver parlato del suo "grande crimine", riceve la sentenza della Corte in ginocchio, Rina dichiara che per lei entrare in carcere è stata una liberazione.

«La punizione ha già avuto corso nell'atto»[5]

Per entrambi i casi fu pronunciata la parola "passione"; in entrambi, le perizie degli esperti vennero contestate dagli psichiatri intervenuti spontaneamente a deporre nel corso del dibattimento per far sentire la loro voce dissidente e la loro interpretazione dei fatti. Nonostante questi interventi avessero lo scopo di chiarire alla giuria lo stato mentale patologico per una, e l'incertezza della responsabilità di un soggetto al limite dell'attendibile per l'altra, entrambe le accusate furono condannate all'ergastolo. Il verdetto rifletté in pieno l'aspettativa del grande pubblico.

Nel suo scritto del 1933 Lacan parla dell'esigenza punitiva dell'opinione pubblica e del «contagio emotivo» indotto da tali crimini. C'è sempre un nesso sotterraneo fra "grande delitto", "grande processo" e "grande pubblico", che esercita un'inevitabile pressione sul verdetto. Questo annodamento non è sempre estraneo al clima che presiede alle perizie, come in seguito cercheremo di illustrare.

Chi era Rina Fort

Ultima di sei figli, Caterina Fort, detta Rina, nacque il 28 giugno 1915 a Santa Lucia di Budoìa, in Friuli-Venezia Giulia.

Al posto del suo nome anagrafico, abbiamo trovato il nome Rina, così troncato, in tutti gli scritti che la riguardano: dagli articoli dei giornali ai documenti di protocollo, fino alle stesse perizie. L'unica eccezione sono state le lettere indirizzatele dai suoi avvocati, con i quali dal carcere

5 Lacan, *Le crime des soeurs Papin*, cit., p. 361. Nell'edizione italiana la frase è resa come segue: «Il delirio scompare con la realizzazione degli scopi dell'atto».

intratteneva un rapporto epistolare. Siamo soliti accettare i nomi propri troncati senza considerare che il soggetto si identifica all'appellativo diminuito. Quando il nome con cui il soggetto è iscritto simbolicamente viene sostituito in modo stabile, il nomignolo diventa un diminutivo in tutti i sensi. Malgrado questa considerazione, per non decontestualizzare il personaggio, in questo testo utilizzeremo il nome Rina, con il quale ha attraversato tutta la sua travagliata esistenza.

La madre di Cate-rina manteneva da sola casa e figli, faceva quindi da padre e da madre, con il risultato che il triangolo edipico era ridotto a un duello. C'è un racconto importante riguardo il padre Clemence, personaggio manchevole e alcolizzato, morto per una caduta in montagna. Sappiamo infatti dalle perizie psichiatriche che, da bambina, Rina assistette in silenzio al passaggio in barella del corpo morto di suo padre. È evidente che questo "decadimento" di Clemence ha marcato la storia di Rina che, dopo tale evento, ha perso ogni eventuale legge che la funzione paterna, quando esercitata, avrebbe potuto instillare nella sua storia. Rimane così il decadimento di questa figura, già carente come simbolo e rappresentante della legge.

Altra sciagura: sembra che all'età di dieci anni, durante un violento temporale, Rina provò un grandissimo spavento allo scoppio di un fulmine che distrusse la casa. Cercando di raccogliere le proprie cose nell'abitazione distrutta, la bimba ne uscì inebetita. Anna, la sorella maggiore, raccontò che Cate-rina dovette essere curata per quattro anni prima di guarire da questo stato.

A sedici anni era diventata una ragazza avvenente, d'aspetto sensuale, che amava essere corteggiata e comandare i suoi fidanzati. Anna la fece andare da lei a Milano e lì, per qualche tempo, prestò servizio «con lodevole comportamento» in una casa privata. A ventidue anni si fidanzò con un giovane tubercolotico che morì poco tempo dopo che Cate-rina si concesse a lui.

A ventiquattro anni sposò Giuseppe Benedet, schizofrenico violento che, durante i cinque giorni del viaggio di nozze, la seviziò. Cate-rina ottenne la separazione legale solo quando Benedet fu dichiarato incurabile.

Durante il periodo repubblichino fu rimandata indietro, al paese natale, dove si legò a un soldato tedesco conosciuto come "il boia di Rovereto". In seguito agli sviluppi delle ostilità, i tedeschi la rimandarono a Milano per evitare che cadesse nelle mani dei partigiani.

Tornata a Milano, venne assunta a casa di Varon Vitale, che sarebbe diventato suo amante, amico e protettore fino al giorno dell'arresto. Rina venne cacciata via da quella casa quando la moglie di Vitale scoprì la relazione tra la ragazza e il marito.

Questo è l'elenco dei rapporti di coppia tentati e rimasti infelicemente conclusi per Rina fino a quell'ultimo tentativo con Giuseppe Ricciardi (detto Pippo) di cui presto conosceremo le conseguenze.

Una sorella maggiore[6]

Anna, la sorella maggiore, si vergognava del comportamento poco stabile di Rina e più volte ruppe i rapporti con lei. Anna disapprovava la vita condotta dalla sorella. In continuazione le dava consigli di vita onesta e si oppose fermamente alla sua relazione con Pippo Ricciardi (padre e marito delle vittime), perché era un uomo sposato e con figli. Cate-rina, sempre ambivalente nei suoi affetti per la sorella, aveva ribattuto con forza che Pippo era praticamente uno scapolo, dato che non andava d'accordo con la moglie rimasta lontana nella loro casa siciliana.

Come si può dedurre dai loro noti bisticci, Anna (regolarmente coniugata e con figli, di mestiere portiera) non solo occupava il posto di sostituto materno e di coscienza morale per Rina, ma anche quello dell'Io ideale, con tutto ciò che comporta di opprimente e di alienante un'identificazione idealizzata[7]. Quanto questa rivalità, un misto di amore-odio, sia stata decisiva nelle scelte amorose e nel divampare delle passioni di Rina rimane da valutare.

6 Anche se Marcel Czermak raccomanda di non "psicologizzare", si darà peso ad alcuni elementi biografici considerati utili al caso.

7 Freud attribuisce all'Io ideale, primo stato di onnipotenza del narcisismo infantile, le funzioni di censura e di idealizzazione. Per Lacan, l'immagine del proprio corpo nello specchio è il supporto dell'identificazione primaria del bambino al proprio simile e costituisce il punto inaugurale dell'alienazione del soggetto nella cattura immaginaria, nonché la matrice delle identificazioni secondarie.

Una maternità negata

Nel seminario *Le psicosi*, Lacan interpreta ciò che può sembrare una mancanza di fortuna in amore come una «svista della segnalazione erotica». In casi ben illustrati come questo, il significante *maître* – in italiano 'padrone', significante non senza incidenza nel caso Rina Fort – cadrebbe in un campo escluso o divenuto inaccessibile all'Altro[8]. In questi casi abbiamo a che fare con l'impossibilità per il soggetto di approdare a un determinato campo rappresentato dal significante mancante, il fallo[9].

Rina non soffriva solo di un degrado della vita sessuale, ma era la maternità a esserle negata, con ciò che essa può conferire: lo statuto di madre in quanto potere in sé, un potere ancora più forte di quello di moglie. Con la maternità non avrebbe dovuto temere di perdere lo statuto fallico per opera di un'altra donna. Non avrebbe più dovuto sentire il solito "tu devi rimanere" o "tu devi andare via". Nel mancato ancoraggio fallico, tradotto in termini di mancato ancoraggio a un luogo – un *heim*, una casa propria – abbiamo forse a che fare con quello che, per le psicosi passionali, il celebre psichiatra francese Gaëtan Gatian de Clérambault ha chiamato il «nucleo ideo-affettivo», che Lacan chiama «*indialectisable*». Probabilmente questa forma di forclusione[10] nell'Altro ha fatto sì che la prova del dire – nella sua situazione inestricabile – sfociasse in un passaggio all'atto.

8 Nella teoria di Jacques Lacan l'Altro è il luogo della parola, in cui le parole sono articolate, secondo la necessaria disponibilità di queste parole, nell'insieme di significanti di cui dispone ogni soggetto.

9 Il fallo, concetto fondamentale della teoria psicanalitica, è il significante al quale rinvia ogni significazione, quello che assicura l'assunzione del proprio sesso.

10 Il concetto di "forclusione" è stato articolato da Jacques Lacan in base alla propria esperienza con i pazienti psicotici. Si tratta dell'impossibilità, per un parlessere – un essere parlante – di integrare nella sua struttura soggettiva quei significanti indispensabili ad assicurare la possibilità di dare significazione alle parole, di simbolizzare il Reale. L'Altro si distingue dall'altro con la lettera minuscola – ovvero dal prossimo, dal simile a sé – e sarebbe per Lacan il luogo stesso della parola in quanto i nostri discorsi provengono e ritornano a questo stesso luogo. L'Altro è anche il tesoro dei significanti, il luogo da cui provengono le nostre possibilità di articolare ogni domanda e ogni desiderio. La forclusione o l'assenza nell'Altro del significante Nome-del-Padre segna la struttura che separa nevrosi e psicosi: nella psicosi questo significante è forcluso.

Padrona: un significante

È indiscutibile che Rina si trovasse a proprio agio nell'azienda di Pippo Ricciardi, dove era persino riuscita a creare un giro d'affari positivo. Pippo e suo fratello Ernesto vivevano in casa sua. Lei faceva da mangiare per loro, lavava e stirava, insomma faceva l'esperienza di una padrona di casa. Solo dopo essere divenuti amanti, Ricciardi confessò di avere moglie e figli a Catania. Tuttavia egli aveva tutto l'interesse a tenersi stretta Rina, interesse che lei ricambiava perché le sembrava di aver trovato il posto – quello di padrona – ambito da tanto tempo.

Avvisaglie e un movente

Il delitto non sarebbe mai maturato se Franca Pappalardo, la moglie di Pippo, non avesse un giorno deciso di mettere fine a questa relazione, venendo a Milano, incinta, con i suoi tre bambini. Leggiamo dalla deposizione di Rina: «Mi accorsi che, contrariamente alle rassicurazioni di Ricciardi, sua moglie comandava in casa e faceva quello che voleva nella sua posizione di moglie e di padrona».

Ernesto testimoniò di come Rina si fosse ribellata alle novità dovute all'arrivo della moglie di Ricciardi e del suo atteggiamento spocchioso nei confronti della signora Pappalardo. Quando lui le aveva fatto notare questa mancanza di rispetto, Rina, imbestialita, gli aveva lanciato in testa una bottiglia e poi un martello. Un giorno, trovando la Pappalardo in negozio, Rina l'aveva investita gridandole: «Lei ha vinto perché è la signora Ricciardi. Ma si ricordi che suo marito non mi abbandonerà mai. Se io voglio, faccio chiudere il magazzino».

Pippo raccontava a Rina che la moglie li minacciava di intervenire se non si fossero lasciati e Rina, a propria volta, disse – a chi voleva sentirlo, come testimoniò la commessa del magazzino: «Io mi rodevo dal risentimento e dall'umiliazione... un giorno si sarebbe sentito che una veneta aveva ucciso una siciliana».

Trovando una fotografia del matrimonio della coppia Ricciardi, Rina strappò via l'immagine della sposa. «La donna [Franca Pappalardo] era impazzita» raccontò la commessa «e gridò che non l'avrebbe mai perdonata».

Un incontro

Una volta Rina ebbe l'idea di scusarsi con la rivale per la vicenda della foto. Era molto agitata, cominciò a sudare. Non è chiaro se sia stato in quell'occasione che la signora Franca le avrebbe detto: «Cara signora, lei deve lasciare mio marito che ha una famiglia e dei bambini. Io sono buona buona, ma se lei mi fa girare la testa, io la farò rimandare al suo paese». Rina doveva conoscere l'espressione "andare a quel paese" e certamente le suonò doppiamente ingiuriosa. Un tale disprezzo dovette mettere a nudo la strutturale mancanza di ancoraggio di Rina[11]. Non disponeva di alcuna parola in grado di legittimarla. "Famiglia", "bambini", "rimandare via" sono parole che Rina non doveva sentire. Da quasi padrona qual era stata fino a quel momento, si ritrova nuovamente spodestata dall'altra donna.

Per Lacan la gelosia non rappresenta una rivalità, bensì un'identificazione mentale. Freud stesso ha dimostrato che i deliri di gelosia paranoici traducono un'attrattiva sessuale inconscia verso il complice incriminato.

Il movente del delitto fu chiaro a tutti sin dall'inizio: la gelosia, si disse, aveva spinto Rina Fort a colpire la moglie del suo amante. Ma le parole «io la farò rimandare al suo paese» sono state scatenanti.

Negli atti del processo, come in un caleidoscopio, le immagini dei due incontri tra Rina Fort e Franca Pappalardo si scompongono e si sovrappongono continuamente. Fanno ritorno le stesse parole minacciose pronunciate dalla moglie e dall'amante, entrambe tradite, durante la visita a casa per le scuse e poi la sera dell'aggressione omicida.

11 J. Lacan, *Una questione preliminare ad ogni trattamento possibile della psicosi*, in Id., *Scritti*, vol. II, G. Contri (a cura di), Einaudi, Torino 1974. Il termine "ancoraggio" ci rinvia alla metafora di "punto di capitone" che traduce la necessità di assicurare, come fa il tappezziere, che due superfici di un determinato tessuto tengano bene assieme. Ricondotto al linguaggio, il punto di capitone ricorda che significante e significato devono rimanere cuciti assieme per ancorare il soggetto al Simbolico, vale a dire alla propria possibilità di accedere a delle significazioni.

Gli occhi della signora

Nel corso dell'interrogatorio c'è un momento in cui Rina scoppia in lacrime: «Non posso proseguire, vedo troppo sangue davanti agli occhi, vedo sbarrarsi gli occhi della signora Franca».

Nella descrizione del delitto che Rina riesce a fare ci sono ben due accenni agli occhi e allo sguardo della signora.

Nel primo parla di uno «sguardo di disprezzo» e una seconda volta racconta di quando rivede «gli occhi della signora Franca sbarrati». Nessuno ignora l'importanza dell'oggetto "sguardo", così presente nella psicopatologia quotidiana che comunemente si parla di "uno sguardo che uccide". Lo sguardo di disprezzo è ciò di cui si lamentano spesso i paranoici, attenti a tutto ciò che può essere considerato umiliante, senza che questo sguardo sia necessariamente accompagnato da parole di disprezzo. Il soggetto si "vede" letteralmente in questo sguardo che lo angoscia e che si presenta a lui come un oggetto irraggiungibile.

I giorni che precedono il delitto

All'interrogatorio svolto in Questura Rina dichiara che, nei giorni precedenti il delitto, Pippo era partito per Prato e che aveva tardato a ritornare. In quell'occasione egli aveva telefonato alla moglie, ma non a lei. Pippo era un donnaiolo e a Prato avrebbe ritrovato una certa Carmelina, una donna che aveva l'abitudine di mandare cartoline postali firmate "Carmelo", per non farla ingelosire.

L'omonimia dei nomi "Carmelina/Caterina" segnala l'identità vacillante di Rina, che slitta fino a diventare "Carmelo", elemento che assumerà tutta la sua importanza quando, in seguito, Rina accuserà una persona qualsiasi, ma di nome "Carmelo," di averla spinta al delitto. La stessa figura misteriosamente compare e poi scompare attraverso il suo racconto. Un certo disgraziato con quel nome divenne casualmente l'accusato di Rina e sarà considerato al processo nientemeno che suo complice. Quest'ultimo, innocente del tutto, sarà tuttavia incarcerato per le accuse di Rina e morirà poco tempo dopo essere stato rilasciato in seguito al processo.

Non possiamo non notare lo scivolamento dei sessi tra il femminile "Carmelina" e il maschile "Carmelo". Il facile trasformismo dipende dal significante fallico vacillante, quel significante che agisce nel Simbolico per ancorare il soggetto al proprio sesso.

La scena del delitto

La sera del delitto nell'appartamento dei Ricciardi si trovavano la signora Franca, incinta, e i suoi tre figli, il più piccolo dei quali aveva nove mesi. Vennero tutti uccisi dai colpi di una spranga di ferro che spaccò loro la testa.

Sulla scena del delitto la Signora Franca giaceva con la pancia a terra, la gonna un po' rialzata sulle gambe. Era stata colpita diciotto volte e anche il muro dietro di lei recava traccia di cinque colpi caduti lì all'impazzata. La donna presentava inoltre la testa e il torace schiacciati, e tra le dita teneva un ciuffo di capelli neri; stracci le riempivano la bocca e le mancava una scarpa. Le giaceva vicino un bambino di otto anni, con dodici ferite alla testa da cui fuoriusciva materia cerebrale e con in bocca dell'ovatta. Nel seggiolone fu trovato il corpo di un bambino senza una scarpa, strangolato dai pannolini che gli erano stati infilati in bocca, e vicino a lui giaceva una ragazzina, anche lei imbavagliata.

Furono ritrovati vari oggetti, come resti diurni dell'incubo che aveva investito il luogo, oppure pezzi di un rebus: un paio di scarpe insanguinate, un mazzo di chiavi, una bottiglia di liquore con il collo rotto, due bicchieri con tracce di rossetto.

L'interrogatorio

L'interrogatorio in Questura proseguì per un'intera settimana. Rina fu picchiata, minacciata, irrisa dai poliziotti. Era sempre più confusa. Le furono strappate nuove dichiarazioni, una diversa dall'altra, ma la cui struttura rimase strana e stabile: tutto era stato inscenato per "fingere un furto", progetto, sembra, ideato da Ricciardi e al quale Rina avrebbe dovuto partecipare per ricevere e custodire a casa sua la merce prelevata dal magazzino sottostante l'abitazione della famiglia Ricciardi.

Rina sudava, si interrompeva, ma gli agenti di polizia che la interrogavano erano determinati a farla confessare con qualsiasi mezzo. Ciò che lei raccontava era poco convincente, soprattutto perché si contraddiceva, e ogni sua deposizione era diversa dalla precedente.

Queste sono alcune frasi confuse di Rina estratte dai verbali della polizia, frasi intercalate da considerazioni e descrizioni provenienti dagli interrogatori fatti per ricostruire l'episodio. Non abbiamo la certezza che siano le frasi pronunciate realmente da Rina. Il linguaggio è quello burocratico utilizzato in queste circostanze.

Con voce squillante, esclama: «Pippo conosce l'individuo suo cugino, ma Pippo è un vigliacco e non parla. Purtroppo gli voglio ancora bene, ma sapendo che io voglio bene ai suoi bambini e che io non volevo uccidere – ma sono stata obbligata dallo sconosciuto – dovrebbe aiutarmi a rintracciare suo cugino».

Dunque è il cugino che ha esercitato su di lei un'opera di persuasione. Rina è stata diretta nell'atto.

«A me nessuno me lo toglie dalla testa che il suddetto cugino sia stato mandato da Pippo». È convinta che sia Pippo il mandante della strage, ma aggiunge: «Non credo che lui stesso sia stato l'individuo, anzi, uno dei due che si trovavano con me nell'appartamento». Dubita di se stessa nello svolgimento della scena, come dubita del personaggio complice.

A questo punto si calma e riprende la narrazione. «Il cugino ha in mano le scarpe sette suole di Pippo. Cercai di colpirlo, ma m'immobilizzò. Ho cercato ancora di colpire l'uomo, ma è stato impossibile. Il terzo individuo spense la luce nella stanza ove stavo con il cugino. Vidi, quando l'altro individuo spense la luce, solo la sua ombra».

«Aiuto disgraziata, ma ti perdono perché Pippo ti vuole bene, ma ti raccomando i miei bambini» avrebbe detto spirando la Pappalardo. A questo punto Rina scoppia in lacrime: «Non posso proseguire, vedo troppo sangue davanti agli occhi, vedo sbarrarsi gli occhi della signora Franca».

L'ombra del colpevole

«Il 30 novembre il cugino di Pippo si presentò a casa mia. Io, prevedendo che le intenzioni di costui non dovessero essere oneste, dissi: spero che non farete del male a un vostro compaesano».

«Incontrai lo stesso cugino l'indomani, mi infilai violentemente sotto il braccio un soprabito. Gli dissi: hai fatto qualche cosa di male a tua cugina?».

Nel suo nebuloso racconto appare di nuovo, fra altri resti diurni, il soprabito nuovo confezionato per lei dalla sorella Anna.

Il cugino le aveva offerto una sigaretta, lei si era sentita male e le aveva tolto tutta la volontà. Aveva seguito il cugino come un automa e si era sentita stranamente docile e tranquilla. Uno sconosciuto aveva spinto Rina dentro l'appartamento della Pappalardo e le aveva dato due pugni in testa.

«Ebbi la sensazione che il bambino Gianni di otto anni si fosse appoggiato contro di me con la testa».

«Stordita dal colpo in testa ho visto la Pappalardo dibattersi sotto i colpi che riceveva. Prima di afferrarmi per i capelli, mi ha guardato con uno sguardo di disprezzo. Non posso ammettere né posso escludere che in uno stato di incoerenza io abbia potuto senza volerlo anche infierire contro i bambini».

«Per far tornare la signora in Sicilia c'era solo da simulare un furto, farle paura. Tra me e il cugino non fu preso nessun accordo di uccidere la Pappalardo e tantomeno i bambini. Fui io sola, quando persi il lume della ragione; non so comprendere come mai egli, dati gli accordi, non mi abbia impedito di fare, e anzi lo abbia fatto, quando la signora lo chiamò assassino: quando le sia salito sopra con i piedi... il cugino prese la signora e la girò bocconi e con le scarpe le salì sopra calpestandole la schiena e la testa».

Disse che lo sconosciuto e il cugino l'avevano portata fuori di peso prendendola sotto le ascelle (apprendiamo dalla commessa del magazzino, testimone, che questo è il modo in cui Pippo l'aveva portata fuori dal magazzino qualche giorno prima del delitto, quando Rina si era presentata in sottoveste).

«Quando ripresi conoscenza ero seduta sulle scale della cantina con un soprabito grigio piegato o messo sul braccio».

«Buttai nel giardinetto il soprabito (si tratta forse del giardinetto che si estende tra via San Gregorio e la Stazione centrale, nelle vicinanze della casa di Rina). Giunta a casa, mi accorsi di avere il soprabito imbrattato di sangue. L'ho lavato e stirato».

Dichiarò alla polizia che la sua memoria era «offuscata dal terrore di quella serata».

Al termine di una settimana di interrogatori, arrivò una dichiarazione più attendibile e anche più rivelatrice della «confusione spettrale della serie di *Io*», che sfila attraverso la sua parola: «Ero sola in casa Ricciardi. Pippo tardava il ritorno, aveva telefonato alla moglie, ma non a me, tutto per me era ormai finito. Ero accecata dalla gelosia, ma perché mi voleva mandare via? Presi un ferro in cucina, scesi e tornai nell'appartamento, calzai le scarpe sette suole di Pippo e una giacca di Pippo sopra il cappotto mio e passai sopra di lei con tutto il mio peso».

I giorni prima

Emergono alcuni dettagli come fossero resti diurni del buio di quella notte, resti dei giorni prima, non assorbiti, significanti ricorrenti, tracce, pezzi sconnessi di un discorso: il soprabito, le scarpe, i bavagli, il cugino e poi Carmelo.

Rina ricorda che il giorno 28 novembre aveva telefonato alla signora Pappalardo per avvertirla che sarebbe venuto il cugino.

La commessa Somaschini le aveva raccomandato di non dimenticare il soprabito nuovo fatto per lei dalla sorella.

«Cenai da mia sorella Anna quella sera».

«Andai dal calzolaio e ordinai un paio di scarpe nuove».

Nel corso degli interrogatori fu invitata a calzare le scarpe sette suole di Pippo e, data la piccolezza del suo piede, Rina lo fece facilmente senza togliere le proprie. *Scarpa* è un significante potente poiché "avere le scarpe strette" o "fare le scarpe a qualcuno" sono espressioni che doveva conoscere e che, in quei particolari momenti, sono riaffiorate nel Reale. È un particolare assai brutale: schiacciare la vittima già agonizzante camminandoci sopra con le scarpe del suo uomo. È possibile che all'epoca delle risse con Ernesto, il fratello di Pippo, Rina abbia esclamato: «Io comando con la punta della mia scarpa».

La "clemenza" di Rina consiste nel voler abbreviare le loro sofferenze: «Versai del liquido per salvarli oppure per non farli più agonizzare, ricalzai le mie scarpe e me ne andai» (il liquido era ammoniaca). Questo atto di "clemenza" è l'unico che le può essere imputato nei confronti delle sue vittime. Clemence, significante del nome di suo padre, è riapparso inaspettatamente proprio nel silenzio del suo agire e nel buio. «Uscendo ho spento tutte le luci».

«Devo aggiungere che, ferma restando la visita del cugino a casa mia, preciso la consapevolezza morale di Ricciardi. Perché il cugino non mi ha impedito di uccidere?».

L'enigma, così, persiste anche per Rina. L'enigma del proprio sesso s'intreccia anche con quella parte del suo discorso considerato "normale". Il vacillare tra ciò che "crede" e ciò che "non si può capire" persisterà a lungo, come si leggerà nelle sue lettere dal carcere.

La spiegazione continuerà a sfuggirle perché la rappresentazione dell'atto risulta impossibile da immaginare o da mettere in parole. L'insistenza dell'enigma dimostra con evidenza che non si è trattato di un semplice "raptus", come invece la perizia psichiatrica ha voluto far intendere.

Una lezione

Sembra che Rina volesse dare una lezione alla sua rivale. Ha infatti messo in atto una scena che ricorda la violenza da lei stessa subita nelle sue esperienze passate dell'atto sessuale, e l'umiliazione schiacciante che a tale violenza era sempre rimasta legata. Se avesse dimostrato alla Pappalardo (moglie legittima e madre) che anche lei, Rina, era padrona, forse avrebbe potuto porre fine al disprezzo incalzante che la perseguitava. Indossando la giacca e le scarpe di Pippo mostrava che sapeva "fare l'uomo". Sarebbe stato ancora un momento di vacillazione sessuale, già riscontrato nello scivolamento dei nomi "Carmela/Carmelo".

Nella tesi consacrata ad Aimée, una paziente afflitta da delirio di gelosia, Lacan scrive: «Per capire un delirio di gelosia bisogna evitare di imputare alla paziente, gelosa di un'altra donna, una costruzione deduttiva o induttiva più o meno razionale, ma capire che la sua struttura mentale la costringe a identificarsi alla sua rivale»[12].

L'identificazione di Rina alla Pappalardo era assicurata.

Pulsione aggressiva omicida

Lacan ritiene che la pulsione aggressiva omicida costituisca il disordine fondamentale della psicosi: come tutte le pulsioni, essa è inconscia

12 Lacan, *Della psicosi paranoica nei suoi rapporti con la personalità*, cit., p.139.

e, per diventare cosciente, deve necessariamente essere mascherata. È il delirio che riveste la pulsione? Il delirio avrebbe funzione di "spiegazione" per sé e per gli altri di ciò che si compie «fuori dal raggio luminoso della coscienza», secondo la formulazione poetica di Enrico Altavilla, uno fra i tanti che all'epoca intervennero spontaneamente per tentare di spiegare ciò che appariva come un grande enigma.

Citiamo in proposito la perizia di Enrico Altavilla, professore di Antropologia criminale all'Università di Napoli. Egli pubblicò sulla «Rivista Penale»[13] un articolo dal titolo *Il raptus emotivo, ricostruzione attraverso una perizia psichiatrica della personalità di Caterina Fort*. Altavilla scrive:

> Ciò che sembra una banale menzogna altro non è che una spiegazione che il delinquente [*sic*] cerca di dare a una propria azione che egli per primo trova sproporzionata e, non sapendo trovare in se stesso la spiegazione (giacché l'introspezione non fornisce possibilità di indagine per ciò che viene compiuto al di fuori del raggio luminoso della coscienza), ricerca fantasiosi concorsi esteriori, che potrebbero giustificare l'insufficienza causale.

Secondo tale ricostruzione, Rina Fort sarebbe il «delinquente», conclusione cui giungevano anche altri periti confrontati a crimini così efferati.

In effetti, potremmo considerare i vari tentativi di ricostruzione del crimine, le varie versioni protocollate dalla polizia, come altrettanti tentativi di dare e, soprattutto, di darsi una spiegazione per un atto in cui il soggetto, in quanto soggetto della parola, è assente. Il Reale, inimmaginabile, non è simbolizzabile, essendo al di là della parola.

Metafora delirante

Possiamo ipotizzare che nelle parole "fingere un furto" sia all'opera una «metafora delirante». Se l'allucinazione è sempre verbale, e non acustica o visiva, tali parole hanno potuto fornire la trama sulla quale Rina ha ricamato il delirio. Un delirio prosperato su un progetto che lei suppone sia stato ideato da Pippo, e forse montato con la collaborazio-

13 «Rivista Penale», luglio 1949, Terza Serie, Fasc. n.7.

ne di suoi amici o parenti, i complici siciliani, i vari "Carmelo". Il modo in cui la parola "furto" ha potuto attivare il delirio, e produrre l'orgia cruenta che conosciamo, corrisponde proprio alla metafora delirante di Rina, alla sua lettura della parola "furto".

Cosa poteva voler dire per lei un furto a danno della rivale se non un danno da arrecare alla sua persona? Visto l'accanimento sadico sul corpo di Franca Pappalardo potremmo pensare che la parola "furto" fosse presa alla lettera, vale a dire: rubare i suoi figli e il suo stesso sesso, che infatti verrà violato nell'atto cruento. Non solo si era convinta di poter disporre di quella donna – di quella bella immagine – come nel passato gli altri avevano disposto di lei con torture e violenze sessuali, ma era anche convinta di potersi vendicare di quegli uomini indossando giacca e scarpe da uomo. Chi rubava che cosa e a chi? È chiaro che la moglie di Pippo le rubava tutto ciò che Rina desiderava. Si presentava ora l'occasione per punirla e vendicarsi di quel furto, quello vero. Chi colpiva però dietro l'immagine di lei?

«È l'affetto e l'odio che mi ordinavano di colpire quella donna» spiegò Rina con una frase che svela come l'ordine le venisse dal di fuori e come il famoso "motivo" è contenuto proprio in questa frase.

Rina non riesce a spiegare la contraddizione che prova. L'inconscio – qui in superficie – non conosce la contraddizione. Nel seminario *Le psicosi*, Lacan si chiedeva infatti perché mai l'inconscio riaffiori nel Reale[14]. Sarebbe semmai questa la domanda da porsi; come o perché si compie il passaggio dall'inconscio al Reale, il passaggio dal sapere che non si può dire, e che sfocia misteriosamente nel passaggio all'atto?

Quanto al bavaglio nella bocca delle vittime, si tratta ancora della propria parola rimasta in bocca; come far capire che anche lei è senza voce, e senza voce non ha nemmeno le parole che possono salvarla dall'agire.

Rina continua a cercare una spiegazione. Dichiara che «l'unica spiegazione è che Pippo non è sicuro se ha mandato il cugino per uccidere o è lui che ha ucciso (o è lui che ha voluto uccidere); quel che è sicuro è che Pippo sa».

Se Pippo *sa* – o se chiunque sa – vuol dire che lei ha il dovere di decifrare la significazione. Rina continua a cercare una spiegazione. La

14 J. Lacan, Il seminario, Libro III, *Le Psicosi* (1955-1956), Einaudi, Torino 1985, p. 15.

spiegazione continuerà a sfuggirle perché la rappresentazione dell'atto risulta impossibile da mettere in parole.

Prima e dopo

La perizia eseguita ad Aversa da Giovanni Amato e Filippo Saporito nel 1948 (cioè ben due anni dopo i fatti) raccolse diverse testimonianze che descrivevano l'abbattimento e la desolazione di Rina nei giorni precedenti il delitto. Scopriamo così che aveva fatto recapitare al suo amante, Pippo Ricciardi, un pacchetto con due fedi, in segno di rottura, ma – possiamo dire – rottura in senso forte. Ricciardi avrebbe esclamato: «Quella donna sta impazzendo». Nei giorni precedenti il delitto, sia lui sia altri testimoni notarono in Rina un cambiamento. Anche i periti registrano un comportamento strano, per un fatto curioso successo in pieno mese di novembre, quando Rina si era presentata nel negozio indossando soltanto una sottoveste sotto il cappotto.

Pina Somaschini, la commessa di Ricciardi, dichiarò che, nel periodo precedente il delitto, Rina avrebbe parlato più di una volta di suicidio. Appariva depressa, abbattuta, progettava di far visita alla tomba della madre, nel paese natale.

Il giorno dopo la scoperta della strage, quando fu arrestata – giacché i sospetti caddero subito su di lei – Rina si mostrò impassibile e indifferente. Il suo racconto era confuso e contraddittorio. Quando la condussero a casa, insieme ai resti della cena di quella sera (due uova al tegamino con grissini) trovarono tutte le luci accese, la porta spalancata, la radio accesa. Rina non riuscì a dare spiegazioni, disse soltanto: «Mi voleva mandare via».

Carmelo

Ci fu un'evidente amnesia che l'interrogatorio di polizia cercò di "sfondare", picchiandola e tenendola sveglia per giorni interi. Recandosi con Pippo Ricciardi per un sopralluogo sulla scena del delitto, Rina scoppiò a piangere. Ricciardi le disse: «Non piangere, altrimenti finisce che starai male come l'altra sera». «Quale sera?» le chiese il poliziotto che l'accompagnava. «La sera del giuramento» rispose Rina. Forse Rina allude qui al suo incontro con il cugino di Pippo, il siciliano di nome Carmelo, e a ciò che chiama giuramento: quello di non rivelare il suo nome o alludere al loro patto.

A proposito dell'allusione di Rina alla sera del "giuramento", Ricciardi si apprestò a dire: «Intendevo parlare di una sera di molto tempo fa». In seguito, durante l'interminabile interrogatorio, Rina commenterà: «Allora non ho detto più niente».

Rina non nega la precisazione di Ricciardi; sembra confusa, si assenta dal dire. La frase «allora non ho detto più niente» dice del suo vuoto in quanto soggetto: possiamo riconoscere in questo ciò che Marcel Czermak ha chiamato la «morte del soggetto». Tradotto da noi questo potrebbe dirsi: "Non c'ero (io) per niente".

Secondo il suo racconto in commissariato, la sera di quell'incontro vi era molta nebbia e perciò lei non vide bene in faccia l'individuo presentatole da Pippo. La conversazione tra Pippo e il cugino, precisava Rina, si era svolta in siciliano stretto; di conseguenza lei non aveva potuto capire tutto ciò che era stato detto. Il patto consisteva nel fingere un furto nel magazzino. Il ruolo di Rina era di nascondere la merce rubata a casa propria.

Carmelo venne a prenderla la sera del delitto per accompagnarla nell'appartamento della famiglia Ricciardi. Sarebbe stato lui, insieme a un altro complice rimasto nell'ombra, a spingerla dentro la casa e a comandare il suo agire. Qui abbiamo a che fare con un elemento delirante chiave della sua deposizione, elemento da cui Rina non si staccherà mai e che orienterà la sua difesa al processo.

Uno dei problemi maggiori che ci troviamo di fronte cercando di ritrovare le parole effettivamente pronunciate da Rina è la trasformazione e la deformazione di ogni suo detto ad opera del linguaggio amministrativo e burocratico. Sono rare le tracce cui possiamo affidarci non solo nell'interrogatorio presso la polizia, ma anche nella perizia psichiatrica.

Morte del soggetto

La formula "non fui io", che manifesta l'assenza del soggetto, si ritrova anche in una delle sue lettere dal carcere – Rina infatti scrisse molto e, nel corso degli anni, intrattenne scambi epistolari con i suoi avvocati, Gaetano Geraci e Antonio Marsico.

Quando scrive: «Dio solo sa cosa ho provato» potremmo tradurre: "C'è qualcuno che sa, ma questo non sono io". Troviamo ancora l'allusione a un sapere recondito e alla certezza che ci sia.

Tra ciò che è troppo denso – il *sapere* – e il *dire*, tra l'intenzione, la significazione e la parola c'è un vuoto. Sappiamo da Lacan che questo modo di formulare il *non sono io* rivela il tipico modo di enunciare della paranoia, della struttura paranoica dell'Io. Se non sono io che so, allora è Lui, o Tu, o qualcun altro. In questo caso l'Io occupa il posto di un soggetto assente.

Il caso Rina Fort

Perché parlare ancora di questo caso così celebre in Italia – celebre al punto da farlo periodicamente ricordare da giornali e riviste, fatto di per sé eccezionale? A più riprese la data del delitto, quella della sentenza di condanna all'ergastolo, quella della sua uscita dal carcere e, infine, quella della sua morte in vecchiaia sono state ricordate al grande pubblico. Di Rina Fort parlano i volumi consacrati ai delitti cruenti che hanno fatto storia, quelli consacrati alle donne assassine e agli enigmi giudiziari irrisolti, e ancora quelli dedicati ai processi famosi. Come era successo anche per le sorelle Papin, del cui crimine scrisse l'allora giovane psichiatra Jacques Lacan, anche nel caso di Rina Fort l'impressione è che si stenti a venire a capo di tutto ciò che fu detto e commentato riguardo queste donne che avevano perpetrato crimini efferati.

Di fronte all'enigma del loro atto, al loro silenzio impassibile di fronte alle questioni che gli altri si pongono, sono gli altri a parlare di loro, per loro, cercando le parole che loro non pronunziarono mai per spiegare atti di incomprensibile crudeltà. Nonostante la loro mancanza di parole, e la loro impossibilità a *dire*, Christine e Rina riuscirono a modo loro a trasmettere una versione dell'enigma che le tormentava, trovando "la soluzione" nell'atto stesso. Possiamo parlare di *trasmissione* per Rina proprio come era stato fatto per Christine Papin? Le ombre che a dire di Rina l'avrebbero accompagnata sulla scena del delitto ci orientano in questo senso.

I casi spesso cruenti degli psicotici sono molto seguiti proprio a causa del loro carattere enigmatico. Il "non detto" (considerato di solito come "reticenza" da parte dell'imputato) alimenta il carattere enigmatico del delitto.

La violenza dell'atto è confrontata all'apparente "normalità" del dopo, all'apparenza inerme di chi ne è ritenuto responsabile anche prima del verdetto. Responsabile non lo è quasi mai (se per "responsabile" intendiamo chi sia libero di scegliere nell'agire, ossia, qualcuno in grado di dire il proprio enigma): l'enigma infatti si annida e si sviluppa innanzitutto in colui che potrà rispondervi solo prendendo in prestito un'arma e colpendo l'immagine che lo tormenta.

L'analisi dei casi di paranoia dimostra che l'immagine del corpo sulla quale si costituisce l'Io non è l'immagine del corpo del soggetto, ma è un'immagine composita, un "quadro" che riunisce più personaggi e oggetti, oppure delle parti isolate del corpo umano. Si tratta di un corpo frammentato, ma preso come un tutto anche nella frammentazione. Incontrando questa immagine dell'Io persecutoria, l'agente del passaggio all'atto interviene a titolo di aggressore per distruggerla.

Se follia ci fu nel caso di Rina Fort (e su questo punto le perizie optano per tutt'altro) tale follia sembra concentrata nel solo passaggio all'atto[15].

Le perizie psichiatriche fatte ad Aversa (confluite in ben 300 pagine) miravano a determinare se la coscienza di Rina fosse venuta meno durante il delitto. Ma la procedura seguita finì con il misurare la "capacità di intendere e di volere" della donna anche nei momenti che precedettero e seguirono il delitto. Come se riconoscerla dicesse qualcosa sul sussistere di quella capacità durante i fatti contestati. Conosciamo il fenomeno della risoluzione spontanea del delirio a seguito di un passaggio all'atto. Nel caso di Aimée ci vollero venti giorni.

La cultura dominante nella psichiatria italiana di quegli anni si riconosceva pienamente nell'insegnamento di Cesare Lombroso, nelle sue teorie sull'origine biologica dei più gravi delitti e, soprattutto, «nell'indissolubile legame dei fenomeni psichici e delle deviazioni organiche». Ciò che prevalse nella perizia di Aversa è intriso di questo conformismo. I periti

15 Ciò che si scopre dalle lettere di Rina scritte dal carcere è che certi tratti di struttura non sono guaribili, per prendere in prestito un termine impiegato da Lacan nella sua prognosi su Aimée, la paziente dalla sua tesi.

non trovarono traccia di persecuzione o di delirio. Il delitto, il quadruplice omicidio, sarebbe stato per loro «una scarica di collere represse»[16].

Solo incidentalmente, e senza darvi seguito, essi faranno notare che Rina si lamentava di vedere i propri meriti misconosciuti dalla moglie del suo amante, la nuova padrona che la umiliava. Il punto è cruciale: il tema dell'umiliazione riveste grande importanza in questo caso. Ricordiamo che, per Daniel Schreber, è stato proprio il misconoscimento dei suoi meriti di presidente e di grande magistrato da parte del suo medico-curante, il dottor Flechsig, a farlo entrare in quel delirio prolifico da cui non sarebbe mai più uscito. Un simile misconoscimento e una stessa umiliazione impotente caratterizzarono il rapporto immaginario duale che avrebbe portato Rina a identificare una persecutrice nella figura della padrona-rivale; troppo arrogante, troppo simile a lei, ma invece madre, modello di donna e modello di vita. Su questo sfondo, forse bastò una sola parola a scatenare l'irreparabile. Quale? Forse la risposta sta nella prima frase che Rina riuscì a formulare nel corso dell'interrogatorio di polizia: «Mi voleva mandare via».

L'enigma

A proposito del linguaggio dello scrittore irlandese James Joyce, Lacan ha detto che l'enigma è un enunciato senza enunciazione. A lungo il crimine commesso da Rina Fort ha costituito un enigma. Vale a dire che a lungo non si è riusciti a dare un senso ai molti interrogativi suscitati dal caso, perché nessun senso può soddisfare l'enigma del passaggio all'atto e porre fine alla ricerca del senso. Il Reale dell'atto è impensabile e, perciò, non permette di accedere a un senso che pertiene al registro simbolico, alla parola, al limite reale verso cui tende la prova del dire, e a quello immaginario necessario a legare gli altri due registri che determinano la struttura soggettiva.

16 F. Saporito, G. Amati, *Sullo stato di mente di Fort Caterina Fu Celeste*, perizia psichiatrica, Ospedale psichiatrico giudiziario di Aversa, Aversa 27 settembre 1948. L'autrice ha fatto una visita all'Ospedale di Aversa nella speranza di raccogliere qualche testimonianza, ma invano. Ha potuto invece ottenere dagli archivi dell'Ospedale la perizia in questione e fotocopiarla.

Nessun osservatore potrà testimoniare cosa sia davvero accaduto per scatenare l'atto omicida. Sappiamo solo quel che si è riusciti a ricostruire basandosi sul racconto dei vari protagonisti della vicenda, dopo il passaggio all'atto. *Passaggio* anche nel senso di essere passati a una dimensione impossibile da immaginare o spiegare. L'oscurità, le ombre continuavano a segnare l'evento con una traccia onirica e la ricostruzione dell'atto è a carico del lettore.

L'insegnamento lacaniano sul passaggio all'atto nelle psicosi ci invita a riconoscere quel «brandello del Reale» che vi è all'opera e ci permette di scrivere la parola "fine" sotto questa storia travagliata.

Conclusioni

La parola definitiva dei periti sarà: «L'anomalia della Fort sta sulla scala della variazione individuale di carattere, nel campo della psicologia e fuori dal campo della psichiatria». Frase che svela l'impotenza della psichiatria di allora a sciogliere "i molti enigmi" suscitati dal caso, enigmi che tutti percepivano, ma ai quali nessuno trovava risposta. Nessun insegnamento era stato tratto da questo caso che continuava tuttavia a interrogare psichiatri e avvocati. Si continuava a favorire l'idea, persino irritante, che la Fort non dicesse tutto, che non rivelasse i nomi dei suoi complici, che non dimostrasse pentimento, che insistesse nel negare di aver ucciso i bambini, ripetendo che a quei bambini aveva voluto bene.

La grazia non le verrà mai concessa (finì di scontare la pena in carcere) perché la condizione posta dalla famiglia delle vittime fu che Rina rivelasse il nome del suo complice. Possiamo dedurne che la sua rocambolesca versione del delitto (prima raccontata a pezzi, poi ritirata, quindi consolidata e mai più abbandonata) non era ancora diventata una storia comune.

Vale la pena ribadire che Rina aveva fatto tutto da sola.

Post scriptum

Nel 1948, appena qualche anno dopo la condanna di Rina Fort all'ergastolo per il crimine commesso nel 1945, un altro delitto è stato perpetrato per mano di una donna. Anche quest'ultimo era stato classificato "delitto di gelosia", ma era ambientato in un quadro sociale molto diverso dal primo.

Rina Fort apparteneva a un ceto del basso proletariato – lei, d'estrazione contadina, lavorava come domestica prima d'imbattersi in Pippo Ricciardi, "terrone" della piccola borghesia mercantile di Milano. La sua vita si svolgeva nel quartiere multietnico, tra Corso Buenos Aires e la Stazione, popolato da "faccendieri" e grossisti. Il caso di Maria Pia Bellentani è invece ambientato nell'alta borghesia e nella piccola aristocrazia frequentatrice di Villa d'Este sul lago di Como.

Per l'omicidio commesso dalla Bellentani – aveva freddato il suo amante infedele – sono stati inflitti dieci anni di manicomio giudiziario, da scontare ad Aversa, ridotti poi a sette (di cui tre subito condonati).

Filippo Saporito, professore di Psichiatria ad Aversa (dove si produsse la perizia di Rina, ma anche della Bellentani), ha stabilito che Maria Pia Bellentani era vittima di un male ereditario, che già da bambina le aveva creato annebbiamenti e pulsioni suicide. Graziata, lascia il manicomio nel 1955.

Sempre ad Aversa, secondo lo stesso Professor Filippo Saporito, la perizia sullo stato mentale di Rina Fort – svolta a due anni di distanza dal processo, lasciando quindi tempo a eventuali processi deliranti di acquietarsi – propendeva per un "raptus". Non le era riconosciuto nessun disordine mentale, non le fu mai concessa alcuna grazia, alcuna diminuzione della pena, che lei ha quindi scontato integralmente. Non le fu mai concessa alcuna "clemenza": l'ergastolo durò trent'anni.

5. La donna sola, senza paura: «...Cosa sta cercando?»*

Morning Sun (1952)

La donna sola è un'immagine, una figura molto presente nella pittura di Edward Hopper, il pittore americano la cui opera si estende dagli anni Venti agli anni Cinquanta. Hopper ha uno stile tutto suo che si riconosce subito: viene chiamato Realismo. Gli ambienti che dipinge sono

* Relazione tenuta a Roma il 19 aprile 2008, nell'ambito della Scuola Laboratorio Freudiano, in occasione del seminario di Marie-Charlotte Cadeau sulla sessualità femminile.

reali; i colori sono quelli che, illuminati dal sole, risultano veri; i personaggi, quelli che si possono incontrare non lontano da casa propria; le circostanze, quelle della vita quotidiana di ciascuno.

Infatti Hopper ha ritratto i suoi personaggi nel modo più semplice e nelle circostanze più comuni. Qualcuno che sorseggia un caffè a una tavola calda, personaggi nello scompartimento di un treno o che aspettano nella hall di un albergo, altri che leggono a letto o guardano dalla finestra. L'epoca è quella della grande depressione. Molti suoi quadri sembrano riferirsi alla grande crisi economica in corso. Così viene interpretato l'aspetto delle varie figure in preda a profonde tristezze, senza speranza, come annichilite dal peso della vita e da un certo vuoto, costrette al silenzio e all'immobilità.

Ciò che vi troviamo di particolare riguarda il modo in cui il pittore ci fa entrare nell'universo delle donne. Dipinge donne di ogni estrazione sociale, ma soprattutto indica che l'estrazione sociale è un semplice setting per la psicologia complessa e invariabile delle donne. Il suo profondersi nei ritratti di questi soggetti rivela un interesse, potrei dire un'ossessione, nel cercare di rendere una certa specificità di questa psicologia. Ci sono decine e decine di quadri che rappresentano la donna sola.

Ogni quadro che dipinge la donna sola ci rivolge una domanda. La risposta è ovviamente ciò che il personaggio del quadro sta cercando, ci verrebbe da dire.

Quella donna che guarda dalla finestra senza vista, cosa sta cercando? Guarda le tende alzate dal vento; chi o cosa arriverà? La donna sull'uscio del palazzo, appoggiata a una colonna, che con occhi vuoti, due tagli sul viso, guarda l'orizzonte: aspetta qualcuno? Ha un appuntamento? Lo sta sognando mentre aspetta? Il suo corpo è impaziente, fasciato e formoso sotto un vestito quasi trasparente?

Una donna nuda, seduta per terra accanto a un letto disfatto, la faccia arrossata, è spossata dopo l'amore, è delusa o ha vergogna? Un'altra, nuda, legge davanti a uno specchio: scoprirà come è fatto il suo sesso?

Summertime (1943)

Summer Interior (1909)

Una che viaggia in treno è immersa in un libro, un'altra la scruta come se si chiedesse: come fa ad essere così compiaciuta? Un'altra legge nello scompartimento del treno, la poltrona accanto è vuota e lei ci ha appoggiato un giornale: la poltrona vuota segna il posto di chi manca?

Chair Car (1965)

Compartment C, Car 293 (1938)

Uomo e donna in camera da letto: lui dorme mentre lei, nuda, è seduta sul bordo del letto, braccia incrociate e guarda dalla finestra. Lei si assenta, è altrove, anche quando non è sola, cosa sogna? Una donna sola al bistrot, davanti a un bicchiere vuoto, si guarda le mani: quanto tempo ci vorrà prima che il giovane dall'altro lato del locale l'accosti? Lei lo aspetta?

Un quadro si chiama *11 AM*: una donna nuda, in poltrona, guarda da una finestra dove non c'è niente da vedere; è l'ora prima di mezzodì, l'ora in mezzo alla vita, c'è qualche prospettiva?

11 AM (1926)

La maschera appartata, mentre tutti guardano lo spettacolo, ha gli occhi chiusi: lo spettacolo ce l'ha lei, tutto personale, tutto per sé.

Ciò che colpisce è la staticità dei quadri, come se i personaggi fossero tutti in attesa. Belle addormentate che aspettano il risveglio da un bacio – un contatto – del principe. Allo stesso tempo c'è il transito della ferrovia, la transitorietà dei passaggi in albergo, il letto disfatto, l'amore, il trasporto che va e che viene, l'appuntamento mancato, i bicchieri vuoti e infine le finestre. Le finestre ritagliano quel che la stanza contiene, aprono su un altrove che non appare mai laddove si guarda, l'altrove essendo contenuto nello sguardo proprio, uno sguardo che non vede, che è tutto concentrato su di sé.

La sensualità del nudo femminile segna ancora più acutamente la sua solitudine e la sua irrequietezza.

Questa pittura è una meditazione sull'isolamento femminile, sulla sua tendenza a distanziarsi, e sul desiderio inappagato. Segna il distacco tra una donna e gli uomini, un distacco che non viene colmato dal sesso, che la lascia sola con la sua ingombrante e prorompente nudità. Vediamo il prima dell'atto sessuale, l'attesa, lei che si propone, e il dopo in cui l'impossibile contatto, il rendez-vous mancato tra i corpi la relega a sognare, a piazzarsi con occhi chiusi davanti a finestre-aperture su un mondo senza viste. Assentarsi sembra essere la sua libertà; libertà dal lavoro, dal compagno, dal sesso.

Non si intende proporre un'idea unica – quella di Hopper – della donna sola. Tuttavia si vuole indicare quel che di essenzialmente femminile sembra che Hopper abbia colto con la sua arte.

Certo, da quanto sappiamo della vita del pittore con la moglie Josephine, non si può dire che il senso del mistero, quell'apprensione dell'essenza femminile da lui trasmessa attraverso la pittura, gli siano serviti per pacificare il loro rapporto. O forse è proprio perché il rapporto con lei è stato così tumultuoso e difficile che egli ha potuto tradurre sulla tela, e con colori, le qualità che ha colto in lei, ma che non è mai arrivato ad accettare. Quasi come se la sua pittura fosse un atto d'accusa.

Anche Josephine era pittrice, ma di talento incompiuto, velleità che lui trattava con dura indifferenza. Si ricoprirono l'un l'altro di acido disprezzo e calcolata cattiveria, dicono i biografi. La sua chiusura (Lacan ricorda i versi «tra l'uomo e la donna c'è un muro»[1]), questa insofferenza verso la specificità del funzionamento femminile – quasi si trattasse di una macchina – che possiamo azzardarci a caratterizzare come "disturbata", o anche "folle", non è stata prerogativa del solo Hopper.

Il carattere enigmatico, di assoluta alterità, l'essere "Altro", rappresentato in modo così pungente da Hopper, ha tormentato scrittori e poeti attraverso i secoli. Insomma, si può dire che questa forma di solitudine della donna sia atavica e che sia sempre oggetto di risentimento da parte dell'uomo che le è accanto.

La letteratura ci consegna figure femminili, esempi animati delle donne mute di Hopper, anche loro amanti della libertà. Senza andare troppo lontano, troviamo subito Madame Bovary, anima irrequieta e in-

1 J. Lacan, Il seminario, Libro XIX, *Le savoir du psychanalyste* (1971-1972), edizioni dell'Association Lacanienne Internationale, sedute del 6 gennaio 1972 e del 3 febbraio 1972, pp. 53-61.

soddisfatta. Pensiamo anche ad Anna Karenina, altra adultera infelice, come la sciagurata francese, destinata anche lei a una fine tragica. Perché? ci chiediamo. È l'unica fine, quella giusta, che gli autori riescono ad applicare o ad augurare a delle vite votate alla ricerca dell'altro? Ricordiamo l'atmosfera di noia mortale con i mariti di queste due donne per le quali scappare e cercare aria può sembrare un principio necessario d'igiene.

Sono donne sole, che sfidano il destino a cui sembrano consegnate, donne che non accettano l'immobilità che la società vorrebbe imporre loro trattenendole, impedendo la soddisfazione sessuale che cercano o, paradosso, imponendo loro di ritrovarsi oggetti rigettati, riprovevoli per chi non le vuole assumere nella loro passione possessiva o per chi non ne ha bisogno per perfezionare la propria esistenza.

Non per caso la loro scelta cade su individui deboli e narcisisti. Nessun moralismo, sono i fatti. Fatti che sollecitano gli autori, e non tra i minori, che magari hanno anche uno scopo di riforma sociale, che sono ammiratori, amanti delle loro eroine, ma che non trovano soluzione migliore che farle morire di morti violente.

Può la libertà convivere con la passione? Le mistiche, il cui sguardo è volto verso l'interno, lo sostengono[2].

Un altro autore che nella sua vita e nella sua opera ha interrogato il mistero del desiderio della donna e la sua capacità di trovare il godimento escludendo, facendo a meno dell'uomo, era James Joyce. «Chissà cosa prova lei da quelle parti»[3] scriveva Joyce della donna. Perché una donna dice sempre di "sì"? È un enigma che lo perseguitava. Per sopperire a ciò che aveva percepito dolorosamente come "incontro impossibile" tra uomo e donna cercò, attraverso il contatto con un altro uomo che aveva conosciuto la donna delle sue brame, una traccia del desiderio di quest'ultima. Cercò l'unione di pelle con la moglie Nora, così è il guanto sulla mano.

Freud chiamava la questione femminile «il continente nero». «*Was will das Weib*?», 'cosa vuole la donna?' si chiedeva, cercando di penetrarne il mistero. Tuttavia egli ha rifiutato di contemplare la complessità del desiderio femminile perché è rimasto in parte incagliato nelle norme

2 Cfr. capitolo 10, *La vita perfetta*, p. 99.

3 J. Joyce, *Ulisse*, Mondadori, Milano 1987.

sessuali della vita vittoriana viennese che voleva, per ogni donna, la sua contropartita maschile.

Mentre Freud si è posto questo problema, Lacan ha decretato che «La donna non esiste» e, a partire da qui, ne ha teorizzato la posizione riguardo il desiderio e il godimento. Rendiamo l'omaggio dovuto all'uomo che ci ha dato la chiave per molti dei nostri quesiti. Inoltre, attraverso la logica, le formulazioni teoriche di Lacan permetterebbero di individuare le ragioni per le quali tra una donna e un uomo le cose non quadrano mai.

Non se ne farà la dimostrazione logica, ma si può riassumere. Nel seminario di Lacan dedicato alla sessualità femminile, *Ancora* (1971-1972), si legge: «Solo impropriamente la si chiama La donna, perché il La de La donna, a partire dal momento in cui la si enuncia come un *pas-tout*, non può scriversi»[4]. Perciò, visto che lei si sdoppia, questo La non può dirsi. Lei non è tutta nella propria essenza: «L'essere sessuato delle donne *pas-toutes* non passa per il corpo, bensì per ciò che risulta da un'esigenza logica nella parola»[5].

Queste formule, che possono sembrare astruse, offrono tuttavia gli strumenti per dar conto di come una donna possa stare in rapporto con il fallo, al servizio del fallo – il significante fallo allora è in posizione di comando, di padrone, di significante maestro – mentre lei resta ugualmente estraniata, sola, oggetto nel Reale.

«La donna non esiste», prima di tutto indica che La donna perfetta, ideale, è un fantasma, che viene realizzato, diventa reale solo in determinate situazioni patologiche e anche per certi transessuali. Perché questo? Perché La donna è "non-tutta". *Non-tutta* fallica, cioè non del tutto al servizio del fallo e del godimento che esso procura, e nello stesso tempo *non-tutta* oggetto.

Perciò Lacan scrive ~~La~~ barrata con un tratto obliquo sull'articolo "La" di La donna per indicare questa scissione. Lei può avere una parte che l'uomo apprezza – fino a un certo punto – perché gli somiglia nei modi di comportarsi, di condurre la propria vita, talvolta lo supera perfino e fa meglio di lui. Questo è il ruolo in cui un uomo volentieri la colloca e l'accetta.

4 J. Lacan, Il seminario, Libro XX, *Ancora* (1972-1973), Einaudi, Torino 1983, p. 79.

5 Ivi, p. 10.

L'altra sua parte è quella dell'oggetto, il più sacro e il più infame, anche il più "trash" per intenderci, che appare in certi momenti e che è molto reale. È la sua parte un po' folle, un po' fuori legge, ciò che le permette di andare avanti, senza paura, diventando una sfida per se stessa. È questa sua divisione che fa sì che non sempre tenga la strada. Questa è la parte intima della donna, la parte che Hopper è andato a scovare, alla ricerca di un suo desiderio; è la parte descritta da Tolstoj e Flaubert nei loro celebri personaggi femminili.

Per La donna *non-tutta* il proprio corpo è, in qualche modo, estraneo. Così Emma Bovary e Anna Karenina hanno potuto disporre dei loro corpi senza porsi troppi problemi. Al contrario delle donne mute di Hopper, queste donne agiscono là dove le parole sono impronunciabili.

Joyce ha voluto La donna *tutta*, che si può dire completamente fuori dalla legge simbolica, un antro aperto a tutti i venti. Visto ciò che Lacan ha detto su La donna – vale a dire sulla figura mitologica che si materializza nelle patologie psicotiche e nel transessualismo – è comprensibile che, nel seminario dedicato a Joyce, si sia chiesto ripetutamente se lo scrittore non fosse folle.

«A partire da quando si è pazzi? Joyce era pazzo?»[6], quindi: «Che cosa indicano le lettere d'amore a Nora? [...] Un rapporto sessuale veramente molto strano [...]. Il guanto rivoltato è Nora. È il suo modo di considerare che lei gli calza come un guanto»[7].

Si è cercato attraverso questa breve escursione nel campo dell'alterità femminile di far trasparire ciò che rende sola La donna e ciò che l'allontana dall'interezza dell'amore, dalla devozione che l'uomo le chiede perentoriamente.

Che sia sola colei che entra nel mondo maschile del lavoro, o che semplicemente svolge determinati compiti domestici, è innegabile. Questa è una solitudine universale. Noi abbiamo cercato di scovare il particolare. L'immagine iniziale "la donna sola" è stata resa, mi pare, più reale, meno immaginaria. È stata visitata nei suoi vari risvolti per rendere presente il particolare "stare da sola" che capita non solo alle donne – ci sono infatti anche mistici uomini – ma che caratterizza il loro più intimo slancio.

6 J. Lacan, Il seminario, Libro XXIII, *Il sinthomo* (1975-1976), Astrolabio, Roma 2006, p. 74.

7 Ivi, p. 80.

Abbiamo evocato il corpo e la sua sensualità per mostrare che persino il corpo della donna tende a iniziarla alla solitudine, come quando la mestruazione la prende di sorpresa, o come quando la nuova vita in lei spinge per venire fuori.

Per quanto riguarda l'ultima parte del mio titolo, «senza paura» ovvero un monito sotto forma di negazione, possiamo dire che, ben lontana dall'aver paura della solitudine, nella solitudine la donna ci vive, anzi, ci sguazza.

Una domanda: nella divisione soggettiva descritta, e in cui la donna non è tutta al servizio del fallo e non è neppure tutta oggetto, qual è la parte che le permette di scansare la paura?

6. Anna Freud: «La soluzione del fantasma»

Dora e la giovane omosessuale per le donne; l'Uomo dei lupi, Schreber, o altri casi ancora di Freud, per gli uomini: possiamo dire che in ciascuno di essi la madre spicchi per la sua assenza. Perché nei suoi grandi casi clinici il padre della psicanalisi accorda così poco spazio alla figura materna? Ragioni socio-culturali a parte, che in questa sede non ci interessano, non sappiamo cosa rispondere.

Anna Freud è nata nel 1895 (sesta e ultima dei figli di Freud), nell'anno in cui quest'ultimo dichiara che la scoperta della significazione dei sogni costituisce la chiave della psicanalisi. Per questo e per altro ancora, Anna si considererà "gemella" della psicanalisi e, in seguito, madre protettrice (e possessiva) della creatura del padre.

Nella biografia di Anna, curata da Elisabeth Young-Bruehl[1], notiamo che la madre è per lo più assente e Anna avrebbe affermato che, se ai suoi tempi fosse esistita la contraccezione, lei non sarebbe mai nata, che sua madre non volle allattarla e di conseguenza venne affidata prestissimo a una bambinaia. Non risulta che si facciano molte altre menzioni della madre in tutto il ricco materiale biografico o nella sua copiosa corrispondenza, ad eccezione di un incidente abbastanza significativo da rasentare il comico (a somiglianza di altri brani della vita della figlia prediletta di Freud). Quando, nel 1929, Freud programmò una permanenza di due settimane presso una casa di cura, Anna si dette un gran daffare per organizzare l'agenda dei pazienti in modo da poterlo accompa-

1 E. Young-Bruehl, *Anna Freud. Una biografia*, Bompiani, Milano 1993.

gnare. Scrive così a Lou Salomé: «Dapprima mamma voleva andare al posto mio, ma io non l'ho affatto voluto»: come si può osservare, il "posto" presso il padre era *suo*. È proprio il caso di chiederci se Anna avesse mai sentito parlare di complesso d'Edipo!

Ciò che ci ha portato a studiare la figlia di Freud non era il problema dei rapporti familiari, ma la questione della femminilità, quella qualità così difficile da definire, ma così facile da distinguere quando è assente. Ci siamo soffermati sul caso Anna Freud proprio perché sembra esemplare di qualcuno mancante di attributi sensibili del suo proprio sesso, rimasta inchiodata a un'esistenza asessuata, pre-adolescenziale, per non aver mai rinunciato all'oggetto edipico incestuoso.

Possiamo lanciare l'ipotesi – almeno nel caso di Anna Freud – di un rapporto tra l'"esclusione" dalla sfera materna e quella dalla propria femminilità.

Sappiamo che la bambina, dopo essere stata "assoggettata", dopo essere stata in balia del desiderio dell'Altro (la madre), e dopo aver provato a adeguarvisi, si volge verso il padre aspettandosi di ricevere da lui quell'oggetto che è oggetto del desiderio della madre. In termini lacaniani potremmo dire che si tratta qui del «metaforismo» del desiderio della madre, metaforismo operato dall'intervento del Nome-del-Padre. L'intervento del Nome-del-Padre provoca la svolta simbolica del destino del soggetto e come tale introduce nell'economia soggettiva il significante fallo. L'intervento del padre consiste nella «valorizzazione simbolica», dice Lacan, sia che tale intervento si manifesti come violenza sia che si manifesti come capriccio.

Nel caso di Anna Freud, sembra che il padre abbia avuto per la figlia lo stesso tipo d'intervento che siamo soliti aspettarci da una madre molto premurosa. Durante l'adolescenza si preoccupa della sua salute, del suo pallore, dei suoi dolori mestruali, della sua scoliosi, della postura, della sua gelosia, della masturbazione (che lei chiama «esso»), inventando talvolta cure "ortopediche" per aiutarla a smettere. Più tardi manifesta un'analoga preoccupazione per la vita sociale di Anna e i suoi rapporti col sesso opposto, chiedendole che faccia ciò che fanno "gli altri della stessa età". Si pone in una posizione di attesa verso la figlia perché faccia qualcosa degna dell'approvazione generale – posizione che di solito fa ribellare le figlie quando sono le madri a esprimersi in tal senso.

Freud tradisce la stessa attesa di "trofei" delle madri più invadenti e «rovinose» per le figlie (quest'espressione viene dal vivo e non soltanto dalla penna di Lacan; che parlava a questo proposito del punto più cruciale dell'amore e dell'odio). Da parte di Anna, nessuna rivolta, lei accetta tutto ciò; chiede ancora. Freud, un po' allarmato da ciò che non può misconoscere nell'atteggiamento della figlia, e che denota una rimozione pressoché totale della sessualità adulta (possiamo chiederci come il desiderio abbia potuto salvarsi, ma con ciò arriviamo per l'appunto al fantasma, che è stato una vera salvezza nella vita di Anna), tenta l'ultimo intervento, quello che si rivelerà vincente. Le presenta Lou Salomé, la prima di una lunga lista di donne attraenti, più grandi di lei, che l'adotteranno e condivideranno la loro competenza e raffinatezza mondane. Si tratta di donne che si suppongono capaci di istruirla nei segreti che le madri di solito trasmettono alle figlie. Sono donne che debbono inoltre risultare interessanti per il padre (o intellettualmente o sessualmente) e ciò è ben documentato.

Non è il caso di soffermarsi sul ruolo avuto da Freud nei confronti di questa figlia, sulle ambiguità del suo comportamento (consistente volente o nolente, nell'attaccamento esclusivo, nell'immolare tutto un mondo al di fuori di lui). Il sacrificio o sacrilegio è un aspetto importante del fantasma e ha avuto nella vita di Anna un posto particolare. Non è un caso che esso costituisca il tema della prima conferenza che Anna ha tenuto da postulante alla Società Psicanalitica di Vienna. Sotto la copertura dell'anonimato – dichiarerà che sono casi suoi – Anna espone il fantasma di cui parla Freud nell'articolo del 1919, *Un bambino viene picchiato*. Andando in analisi dal padre, proprio in quell'epoca, Anna stessa porterà il contributo forse più importante alla conoscenza del masochismo attraverso il fantasma di essere picchiati dal padre.

Il bambino del fantasma picchiato, umiliato, rinnegato in quanto soggetto desiderante, conosce un piacere masochistico che gli proviene dai colpi ricevuti. L'essenza del masochismo, dice Lacan[2], è nel cambia-

2 Lacan si è ampiamente soffermato sull'analisi di questo fantasma che transita un godimento masochistico. I due seminari di riferimento sono: J. Lacan, Il seminario, Libro IV, *La relazione d'oggetto* (1956-1957), Einaudi, Torino 1996, particolarmente alle pp. 99-138; e J. Lacan, Il seminario, Libro VI, *Il desiderio e la sua interpretazione* (1958-1959), Einaudi, Torino 2013, pp. 138-147.

mento di senso del fantasma: ciò che serve al diniego dell'amore è la cosa stessa che servirà a significarlo. Come se il soggetto sacrificasse una parte del proprio corpo all'Altro, quello stesso Altro da cui dipende, che deve conferire valore narcisistico all'immagine del corpo del bambino. Così, una parte del corpo (a seconda dell'incidenza dello sguardo o della parola nella costituzione della sua immagine) può servire da appiglio o da tappo alla mancanza nell'Altro.

Un altro aspetto del rifugio nel fantasma è la sua fissità. Lacan dirà a questo riguardo che «il desiderio umano ha la proprietà di essere fissato, adattato, raccordato non già a un oggetto ma sempre essenzialmente a un fantasma»[3]. Infatti, nel seminario sul desiderio, Lacan svilupperà proprio l'aspetto reale dell'oggetto che trasforma l'oggetto in «oggetto causa del desiderio» (non più semplice «oggetto del desiderio»). Questo seminario marca dunque l'evoluzione dell'oggetto della pulsione, il passaggio dell'oggetto immaginario buono o cattivo dei seminari precedenti a un oggetto con una dimensione reale.

Catherine Millot, nel suo *Abîmes ordinaires*[4], afferma che il fantasma riproduce la struttura della derelizione originaria. Nel seminario sul desiderio, parlando del piccolo Hans, Lacan osserva che si è trovato confrontato con il desiderio della madre senza nessuna risorsa. Scrive:

> Questa posizione di essere senza risorse è ciò che Freud, nel suo articolo *L'inconscio*, del 1915, chiama *Hilflosigkeit*. Essa è più primitiva di ogni altra cosa, è più primitiva dell'angoscia, la quale è già un abbozzo di organizzazione in quanto è attesa, *Erwartung*. Prima ancora c'è la *Hilflosigkeit*, 'l'essere senza risorse'. "Senza risorse" dinanzi a che cosa? La cosa non può essere definita, centrata, se non come il desiderio dell'Altro. La relazione del desiderio del soggetto con il desiderio dell'Altro è drammatica, in quanto il desiderio del soggetto deve situarsi dinanzi al desiderio dell'Altro, ma questo letteralmente lo aspira lasciandolo senza risorse[5].

3 Lacan, Il seminario, Libro VI, *Il desiderio e la sua interpretazione* (1958-1959), cit., p. 23.

4 C. Millot, *Abîmes ordinaires*, Gallimard, Paris 2001.

5 Lacan, Il seminario, Libro VI, *Il desiderio e la sua interpretazione* (1958-1959), cit., p. 470.

Questa è l'esperienza traumatica che Lacan introduce nel seminario sul desiderio, dicendo che il desiderio è percepito in primo luogo come desiderio dell'Altro, e all'interno di tale desiderio il soggetto deve situare il proprio. Il desiderio si produce nel posto stesso in cui si origina la derelizione. «Il soggetto si difende *con* il suo io»[6]. Tale difesa si situa appunto nel fantasma, che diventa perciò sostegno del desiderio e via d'uscita dalla situazione traumatica in cui questo soggetto si trova come corpo estraneo.

In conclusione: Anna è ricorsa alla soluzione del fantasma in cui un bambino viene rinnegato in quanto soggetto desiderante. Prendendo appiglio sulla sua angoscia, il bambino del fantasma si ripiega su un piacere masochista, su un godimento al quale arriva attraverso il sacrificio di una parte del suo corpo, essendo senza difese davanti al desiderio dell'Altro. Quale desiderio ha presidiato questa scelta nel nostro caso? Sarebbe un desiderio mortifero da parte della madre? Si tratterebbe forse di una tirannia innominabile introdotta dal Nome-del-Padre? Possiamo solo constatare ciò che ha prodotto il loro congiungimento.

6 Ivi, p. 23.

PARTE SECONDA

LE LINGUE DELL'ALTRO

7. Una *misfit*: Marilyn Monroe*

La traduzione di *misfit* sarebbe 'spostato'. Il dizionario recita che "spostato" è un divario tra ambizione e capacità, oppure indica chi, per motivi sociali, ereditari o psicologici, non riesce a realizzarsi nella vita pratica e si trova costantemente in una condizione diversa da quella che avrebbe voluto, come chi è fuori dal proprio posto sociale; per esempio, "gli studi erratici hanno fatto di lui uno spostato". Abbiamo così una traduzione letterale, ma anche l'ombra di un giudizio morale, giudizio di qualità un po' particolare che troviamo anche nel termine inglese. Un *misfit*, non nel senso figurato ma nell'accezione più pratica, è uno fallato, uno scarto.

Il film *Gli spostati*, l'ultimo in cui recita Marilyn Monroe, è ambientato negli anni Sessanta. A quell'epoca nei grandi magazzini americani c'era spesso un reparto *misfits*, che forse esiste ancora oggi. Esso raccoglie capi d'abbigliamento messi da parte a causa di errori di fabbricazione, refusi dei macchinari perfezionati dalla grande industria tessile dell'epoca. Sono capi difficili da vendere, il loro prezzo è fortemente scontato.

Il film *Gli spostati* non ha avuto alcun successo, è stato bocciato dal pubblico e ha visto l'inizio del declino del mito della Monroe. Marilyn aveva chiesto al marito, Arthur Miller, di crearle un vero ruolo drammatico, e non comico o leggero come negli altri suoi film. Le cose non andavano bene tra di loro, e c'è il sospetto che lui non la credesse adatta per un ruolo simile. Il regista era il grande John Huston.

* Relazione tenuta a Filmstudio, Roma, il 9 giugno 2006. La proiezione del film si accompagnava alla presentazione del libro di M.M. Lessana, *Marilyn, portrait d'une apparition*, Bayard, Paris 2005.

Marilyn, ma anche gli altri attori del film, rientravano in questa categoria di scarti, refusi della trama del film, refusi del pubblico e refusi della grande macchina cinematografica hollywoodiana. Il film era giudicato troppo "psicanalitico", troppo intenso, e forse troppo angoscioso.

Si propone un'altra lettura del titolo seguendo la metafora dei capi fallati, poiché forse questo è ciò che Arthur Miller aveva in mente quando scrisse questa sceneggiatura per la moglie.

Fuori "modello" era anche la strana coppia Monroe-Miller. Lui era lo scrittore cerebrale per eccellenza, lei il bell'animale biondo sognato da ogni uomo. Nella sua vita solitaria Marilyn leggeva molto, si istruiva, ammirava Miller per il suo intelletto e per il mondo culturale che lui rappresentava e di cui lei non riusciva a far parte.

Arthur Miller era un ebreo di New York, città conosciuta per la sua importante industria tessile e il suo Garment District, un quartiere della città, molto centrale a Manhattan, esclusivamente dedicato alla fabbricazione di abiti femminili. La grande conquista di questi fabbricanti per lo più ebrei, e ciò che distingueva i più astuti tra loro, era l'uso di macchinari molto moderni capaci di ridurre i costi di produzione e migliorare il prodotto (dalla scelta dei modelli e delle stoffe, sino ai tagli, alle rifiniture e alla distribuzione). Di solito si forniscono modelli perfetti di taglia prestabilita. Comunque si possono riconoscere *misfits* o capi fallati.

Morte di un commesso viaggiatore, il dramma considerato come il grande capolavoro di Miller, parla di un personaggio posto all'estremità di questa catena, qualcuno che si occupa della vendita al dettaglio di questa merce. Possiamo ritenere che Miller conoscesse bene questo mondo, il mondo duro, gretto, competitivo della produzione e della vendita di modelli di cui alcuni riuscivano bene e altri meno: gli scarti, appunto.

Marilyn non era conforme al modello. Aveva passato l'intera vita (è morta a trentasei anni) cercando di entrarci e di conformarsi a ciò che pensava che gli altri si aspettassero da lei. Non ha smesso di cercare nell'altro il riconoscimento e il rispetto del suo valore in quanto attrice seria, al di fuori del personaggio che l'ha resa celebre, ma che spesso le veniva imposto: un perfetto sex-symbol, presentato nei suoi aspetti più seducenti e più semplicistici. Cercava il rispetto e la felicità per ciò che sentiva di sapere di se stessa, ma che nessuno voleva sapere. Le sue contraddizioni la spinsero a rivolgersi a chi riteneva sensibile, capace di capirla e di farle percorrere quell'esperienza di verità che la psicanalisi dovrebbe implicare. Ma non era stata aiutata dagli psichiatri e psicanalisti, esponenti dell'Ego Psychology che, a loro volta, le proponevano pedagogicamente modelli a cui conformarsi secondo gli standard imposti dalla normalità.

Marianne Kris, Anna Freud, Ralph Greenson sono solo alcuni dei grandi nomi del gruppo di psichiatri e psicanalisti, operanti sui due continenti, che hanno avuto in cura Marilyn. Si sono consultati, scritti, preoccupati, sforzati nell'"impresa Marilyn". L'hanno adottata, circondata, assistita, medicata. Si può dire che nel loro lavoro hanno fatto di tutto... tutto, tranne ascoltarla. Hanno anche mangiato sul caso Marilyn, e il banchetto non è ancora finito perché lei aveva destinato forti lasciti a favore degli istituti cui erano associati i suoi psichiatri e psicanalisti.

È talmente vero che nessuno l'ha ascoltata che Marilyn è stata, come ha scritto la psicanalista parigina Marie Magdeleine Lessana[1], un'apparizione. Tanto è stata grande la sordità nei suoi confronti che Marilyn dovette consegnare al suo ultimo analista, Greenson (cognato peraltro dell'avvocato della Monroe e negoziatore dell'ultimo contratto della Star), un nastro su cui aveva inciso quel che non riusciva a dirgli durante le numerosissime sedute di analisi.

La scuola dell'Ego Psychology di Hartmann, Kris e Lowenstein aveva elaborato una psicanalisi che metteva da parte quegli aspetti della teoria freudiana capaci di mettere in scacco le aspirazioni positive e positiviste della nuova scienza dell'adattamento. Tra l'etica protestante e gli ideali del libero mercato, la scuola voleva formare esseri indipendenti, responsabili e *self-sufficient*. In questo senso la psicanalisi americana ha velocemente perso la dimensione sovversiva della scoperta freudiana. La psicanalisi doveva agire laddove c'era bisogna di essa, a livello di un Io che mancava di ideali stabili ai quali ancorarsi.

Per gli americani, il *self* – un insieme che confonde conscio e inconscio – è quell'unità a cui l'analista può ricorrere per favorire un successo della cura. L'Io autonomo fu ideato per assicurare una parte sana della psiche, capace di reagire agli istinti negativi sempre in agguato nella nevrosi. Il Freud americano non è il Freud francese, ci fa notare Judith Feher-Gurewich nel suo libro dedicato ai rapporti di Lacan con la psicanalisi americana[2].

1 Lessana, *Marilyn, portrait d'une apparition*, cit.

2 J. Feher-Gurewich, *Lacan and the New Wave in American Psychoanalysis*, Other Press, New York 1996.

Questa breve sintesi può essere utile per situare la cornice teorica entro cui cadde la richiesta d'ascolto di Marilyn. Ci fa inoltre comprendere l'incompatibilità e la distanza che separavano il personaggio Marilyn non solo dal modello sociale ideale al quale ambiva, ma anche da quello analitico qui descritto.

Nel suo genio d'attrice, Marilyn lasciava vedere le proprie imperfezioni. E, in questo, ciascuno poteva ritrovare il proprio esilio.

8. *L'enfer**

Che cos'è l'inferno di cui parla Tanović, l'autore di questo film?

È la violenza della scena dell'aggressione?

È la violenza nella quale continua a vivere la bellissima moglie, vittima che non smette di intrattenere, di accarezzare, quel momento in cui ha rischiato di morire?

È quell'inferno della violenza presente nella vita delle sorelle, forzate inconsciamente a ripetere un trauma lasciato loro dal tradimento del padre?

È nella scelta forzata del padre di finire i suoi giorni a causa dell'orrore, della vergogna per aver trasgredito una norma sessuale?

È nella sua sofferenza e nella rabbia che lo spinge ad essere violento contro le persone che ama e che gli hanno chiuso la porta?

O è l'inferno del silenzio che segna la rimozione dell'evento traumatico e perciò l'impossibilità di smettere di vivere in sua funzione?

Di che cosa stiamo parlando?

Prima, una scena, un flashback in cui un uomo, liberato dal carcere, fa irruzione in una casa, malgrado l'opposizione feroce di una donna che capiamo essere sua moglie e che lo vuole tenere lontano da sé, nonché dalle tre bambine impaurite. Nel corso del corpo a corpo lei viene sbattuta a terra con l'aggressore e perde coscienza mentre l'uomo, piangendo, avvicina le bambine per accarezzarle.

Sbirciamo ora nella vita delle tre sorelle che non si frequentano, che non parlano fra di loro. Sophie e Anne hanno rapporti d'amore, passio-

* Relazione tenuta al Teatro Palladium, Roma, il 7 giugno 2006, in occasione della proiezione del film di Danis Tanović, *L'enfer* (2005).

nali, con uomini che non possono soddisfare le loro richieste, che non mantengono le loro promesse e che, alla fine, le tradiscono.

Altro flashback. Una giovane moglie, con la piccola figlia, si avvicina all'Università dove insegna il marito per fargli una visita a sorpresa. Si apre davanti ai loro occhi una scena in cui un giovane efebo viene accarezzato in modo inequivocabile dal professore, marito e padre. Il padre si ucciderà in seguito alle violenze sulla moglie e dopo aver abbracciato le figlie.

La terza sorella, Céline, incontra l'uomo che è stato l'amante del padre, l'ascolta e questo colloquio le apre la possibilità di parlarne assieme alle altre sorelle e alla madre. Questo personaggio viene infine "umanizzato", ha un nome e così anche Céline viene "sessualizzata" da questo incontro. Nell'ultima scena, la madre dalla sua sedia a rotelle ribadisce amaramente di non avere rammarichi (s'intende, per aver denunciato il marito).

Cosa può dirne uno psicanalista che, come si sa, si occupa di parole?

Cosa dire più di quanto già non salti agli occhi di tutti, ossia che il ciclo trauma, rimozione, ripetizione viene perpetrato attraverso il silenzio degli attori, il silenzio che fa da sfondo al film. Avanziamo l'ipotesi che questo silenzio è l'omeostasi dei personaggi, ciò che garantisce un certo equilibrio, la continuazione della vita con un minore dispendio d'energia. L'inferno invece, sarebbe prendere la parola sostenendosi sul nome proprio. L'alienazione insita nell'enunciazione sarebbe, sì, insopportabile.

Il Nome-del-Padre è il significante che rende possibile prendere la parola, è l'appoggio che permette al soggetto di far passare il suo godimento attraverso il linguaggio. È questo stesso Nome-del-Padre ad essere diventato impronunciabile per le protagoniste del film.

Infatti non sappiamo mai come si chiama il padre, che non è nemmeno menzionato, nessun accenno alle sue cose, alla sua esistenza, un vero «buco» nella rete simbolica: la lingua francese permette un gioco di parole che traduce bene di cosa si tratta: *troumatico*, cioè il trauma-buco[1]. Il trauma buca – *troue* – il simbolico e anima il sintomo. La rete simbolica, per intenderci, è l'universo del linguaggio in cui è immerso il soggetto.

1 L'autrice si riferisce a un celebre gioco di parole di Jacques Lacan che mette in tensione la parola buco, *trou*, e la parola trauma, *traumatisme*, per dar vita al neologismo *troumatismo*, il trauma-buco.

Perché parlare di godimento dopo aver parlato di trauma? Bisogna ricordare che Freud aveva abbandonato la teoria del trauma come motore dell'origine delle nevrosi. Vista la frequenza con cui le sue pazienti accusavano i padri di seduzione, dedusse non fosse possibile che tutti i padri, senza eccezione, fossero dei perversi!

Questa teoria fu allora abbandonata in quanto chiave d'interpretazione dei disturbi della vita sessuale dei pazienti nevrotici. È stato il fantasma a prenderne il posto. Il fantasma è la costruzione, piuttosto che la ricostruzione, della scena primordiale vissuta. Il fantasma è ciò che per il soggetto risulta insopportabile incontrare e che, tuttavia, costituisce lo scoglio contro cui non cessa di imbattersi.

Per dare un'altra chiave di lettura, non solo del film *L'enfer*, ma di tutte le ricostruzioni fantasmatiche che incontriamo, ricordiamo il celebre fantasma di cui scrisse Freud, *Un bambino viene picchiato* (1919). Si tratta di un fantasma predominante fra le pazienti donne. Ogni psicanalista può, quotidianamente, attestare d'incontrarlo nell'ambito della cura. Lacan dirà che questa osservazione di Freud ci fa arrivare al cuore stesso di qualcosa che si situa nella qualità più acuta dell'*amore* e dell'*odio*. Il soggetto in quell'occasione descritto nel fantasma, ridotto a puro oggetto, è sottomesso al grado massimo della «derelizione» – la destituzione soggettiva – a causa del «valore simbolico della violenza e del capriccio paterno». L'ingiuria narcisistica in questo frangente è totale.

Prendiamo spunto da questa "ingiuria narcisistica" per avvicinarci adesso al tema della separazione.

Prima di tutto, cos'è una coppia e che c'entra la ferita narcisistica?[2]

Sappiamo che nella spinta a formare una coppia ci sono mille attese, mille idee ricevute o elaborate su come questa coppia debba essere. Quali desideri deve esaudire e a quali necessità è chiamata a rispondere.

Il mito di Aristofane ci indica che è l'altra sua metà che l'uomo cerca nella coppia, cioè quella parte di se stesso perduta per sempre. È questa la parte che scappa alla sua presa e che viene rivendicata nella violenza

2 Segnaliamo che, in concomitanza con questo intervento, la dottoressa Muriel Drazien aveva organizzato nelle sedi del Goethe-Institut di Roma un convegno dal titolo *Coppie* da cui sarebbe uscita la prestigiosa pubblicazione M. Drazien (a cura di), *Coppie. Una storia psicanalitica: il nodo di Lacan*, Carocci, Roma 2007.

dell'atto. Si vuole strappare ciò che impedisce il formarsi dell'Uno che è niente meno che l'immortalità.

C'è qualcosa di delirante nella coppia che ha a che fare con la ricerca del complemento dell'uno attraverso l'altro. In questo sogno di fare Uno c'è la dimensione del godimento illimitato. Per gli psicanalisti, la ricerca della Cosa – *das Ding* – è la follia o, più semplicemente, la ricerca del fantasma del paradiso perduto del ventre materno.

Essere due in uno è il paradosso della coppia perché, nonostante la sessualità, non si riesce a realizzare quest'unità salvo, appunto, nella psicosi in cui il delirio lega i due per formare ciò che Marcel Czermak chiama «la psicosi uniana»[3], ossia un legame coniugale riuscito. Una vera coppia, dice Czermak, è quella in cui ce n'è almeno uno psicotico: allora il congiungimento è riuscito. Un esempio è l'erotomane e l'oggetto della sua passione, oppure il delirio a due che s'incontra talvolta tra madre e figlia. Qualcosa tra l'uomo e la donna resta non realizzato e irriducibile. Non c'è rapporto sessuale che basti perché i due arrivino a fare Uno[4].

3 Il lettore potrà trovare questo testo tradotto in italiano all'interno di N. Dissez, C. Fanelli (a cura di), *Il sapere che viene dai folli*, DeriveApprodi, Roma 2017, pp. 355-375.

4 J. Lacan, *La terza*, in «La psicoanalisi. Studi internazionali del Campo Freudiano. Rivista italiana della Scuola Europea di psicoanalisi», n. 12, luglio-dicembre 1992, pp. 11-38: «È proprio di questo che si crepa, in nessun caso due corpi possono farne Uno, per quanto si stringano [...] quello che si può fare di meglio in questi famosi abbracci è dire: "Stringimi forte!", ma non si stringe forte al punto che l'altro crepi! Quindi non c'è nessuna specie di riduzione all'Uno», pp. 36-37.

9. «Lui non era lui, e lei nemmeno»

Iniziamo dal titolo: *occhi sbarrati... chiusi*[1]. Sì, chiusi, perché i protagonisti di questo film vogliono sognare; chiusi, per evitare lo sguardo dell'altro, quel temibile oggetto; chiusi, per il terrore della sorpresa. Sorpresa, certo: scoprire in seno alla propria famiglia perbene, dalla bocca (adorabile) della sua giovane e devota moglie, parole e desideri che mai e poi mai, neanche in sogno, avrebbe potuto immaginare potessero appartenerle.

Che non siamo liberi d'immaginare qualsiasi cosa non è una novità. E neppure lo è che la donna sia, come dice Freud, un continente nero. Cadrà il velo dagli occhi del bravo medico, padre di famiglia, ascoltando la confessione di un desiderio travolgente, ancora vivissimo, benché e perché inappagato? Sì, ma non prima che il medico abbia percorso tutte le tappe iscritte sulla sua pellicola onirica: iniziando dall'incontro mancato con l'inerme figlia di un suo paziente appena deceduto, per passare a quello con la simpatica prostituta, anche lei toccata dalla morte (è sieropositiva), per arrivare infine al faccia a faccia fondamentale, l'incontro con la meravigliosa donna mascherata e nuda, che il nostro protagonista sembra riconoscere. Questa dama l'avverte del pericolo imminente che incombe su di lui e gli suggerisce di sparire immediatamente dal luogo in cui ha voluto introdursi ad ogni costo.

A questo punto lo spettatore può pensare alla stretta parentela tra la figura della prostituta e quella della madre, insomma, a una figura eminentemente fallica nata dall'immaginario infantile. Quasi contempora-

1 Il testo che segue offre una lettura psicanalitica del film di Stanley Kubrick *Eyes Wide Shut* (1999).

neamente, il personaggio più anziano e autorevole della scena intima all'intruso di proferire la parola d'ordine o di smascherarsi. Comunque dovrà aspettarsi il peggio. L'uomo confessa di non sapere, di non possedere la chiave d'ingresso del paradiso edonistico e ammette la sua duplicità; è alla mercé del furore dell'orda orgiastica.

Allora la dama, con un gesto magistrale, intercede in suo favore, immolandosi al suo posto secondo le regole di questa legge primitiva. La ritroveremo all'obitorio, altrettanto nuda, ma priva della sua meravigliosa maschera. Molto banalmente, è morta di overdose. Il nostro uomo è affranto. Laddove si era solo proposto di godersi la vita e le donne, si è trovato di fronte all'orribile volto della morte e ha avvertito la propria impotenza.

Così, questo film permette di porre due domande fondamentali: la prima, che cosa separa l'uomo dal suo pieno godimento della vita, e dal poter godere di tutte le donne? La castrazione simbolica dell'uomo, infatti, è ciò che lo separa dal godimento infinito, ma è anche ciò che lo umanizza, che fa sì che si distacchi e si distingua dalla legge dell'orda primitiva, o da quella arbitraria della madre.

La seconda domanda è: cosa vuole la donna? La questione del desiderio della donna, e in questo caso del desiderio della nostra protagonista, è il cuore stesso del film, ma senza dubbio è anche ciò che della novella di Arthur Schnitzler[2] sta più a cuore a Stanley Kubrick. Uno dei momenti in cui appare evidente la divisione della protagonista rispetto al proprio desiderio è quando fa una dichiarazione d'amore al marito mentre la brama per l'ufficiale sconosciuto è al suo apice.

La sua è una divisione strutturale. Voglio dire che per lei il godimento fallico non è tutto. Ha anche accesso a un altro godimento. Questo le conferisce un'imprendibilità esasperante. Si pensi allo smarrimento del marito, alla sua mancata comprensione e al suo sentirsi giocato e tradito. Paradossalmente è proprio il godimento che l'uomo ha di lei che accentua questa divisione nella donna[3].

2 Il film è infatti ispirato alla novella di Arthur Schnitzler *Traumnovelle* (1926), tradotta in italiano con il titolo di *Doppio sogno*.

3 Il riferimento è a una celebre frase di Lacan: «Per quanto vi si siano soddisfatte le esigenze dell'amore, il godimento che si ha di una donna la divide, rendendola partner della sua solitudine, mentre l'unione resta sulla soglia», J. Lacan, *Lo stordito*, in Id., *Altri scritti*, Einaudi, Torino 2013, p. 464.

Potremmo pensare che alla fine del film, dopo quelle che i protagonisti chiamano le loro "avventure", siano diversi da prima, che non possano più ignorare le rispettive differenze riguardo il desiderio e il godimento. Lo stesso concetto di tradimento viene svuotato di senso. Diversi da prima, nella loro fondamentale eterogeneità, come fare a sostenere l'esistenza del rapporto sessuale?

Lacan racconta la storiella dei due amanti che si danno appuntamento a un ballo in maschera. Ballano insieme tutta la notte, ma quando alla fine si tolgono la maschera, lui non era lui e lei nemmeno.

10. La vita perfetta*

Chi non ha sognato una vita perfetta? È esattamente ciò che tentano di venderci attraverso la pubblicità. Persino la scienza – nuova alchimia – e le tecnologie promettono la magica trasformazione del piombo in oro. Si insinuano messaggi dal di fuori, che regolamentano la nostra vita quotidiana. Il campo d'azione è vastissimo: l'assicurazione, i soldi, la casa, la famiglia, gli amici, il lavoro affascinante, la carta di credito. Poi c'è il corpo più bello per sedurre, un corpo giovane, sportivo. E ancora la scelta del proprio sesso, i viaggi, le vacanze, visto che di vuoto si tratta.

Questo è tutto ciò che serve per riempire il vuoto, l'insoddisfazione, ma che soffoca il desiderio.

Questo vuoto è al centro del discorso mistico che Catherine Millot porta fino a noi attraverso l'esperienza di tre donne, strane creature, anche meravigliose. Jeanne Guyon, Simone Weil e Etty Hillesum hanno scoperto il vuoto necessario per lasciare spazio ad altro che con il desiderio, invece, ha stretto rapporto.

La vie parfaite, l'ossimoro caro a Millot, è presente in filigrana nel titolo del suo libro. Ciò che sappiamo della vita – almeno questa attuale vissuta da noialtri «parlesseri» – è che è tutt'altro che perfetta, anzi c'è molta imperfezione e insoddisfazione. La tendenza è respingere l'idea stessa di vita perfetta, come se si trattasse di un fantasma.

Millot ama l'ossimoro. Nel volume di cui ci occupiamo, l'autrice mette al centro del percorso mistico la co-esistenza dei contrari. Per esem-

* Relazione tenuta a Roma, in occasione della presentazione del libro a Villa Medici, nel maggio 2007. Erano presenti Donatella Di Cesare, Muriel Drazien, Catherine Millot e Jacqueline Risset.

pio, amare l'amore divino attraverso la sofferenza, provare gioia nel dolore, riferendosi a quella misteriosa esperienza che Lacan descrive come «congiunzione tra i giochi del dolore e il fenomeno della bellezza»[1], o ancora la rinuncia alla possessività.

Nel suo *Abîmes ordinaires* del 2001, *Abissi comuni*, l'ossimoro era già in scena. L'abisso è un punto estremo e perciò eccezionale, non certo comune, salvo che per Millot. Lei parla infatti della logica della non contraddizione, per esempio: "chi perde guadagna", oppure "prendere sostegno nella mancanza di sostegno".

Ancora, nel sottotitolo del suo *Gide Genet Mishima. Intelligenza della perversione*[2] scopriamo un altro accostamento inatteso, non *politically correct*, come la stessa Millot ebbe a dire con arguzia.

Per provare la costanza nella sua opera della figura retorica dell'ossimoro, possiamo citare anche *Horsexe* del lontano 1983, *Fuori-sesso*, un saggio sul transessualismo. Millot dimostrò, a proposito di questa categoria clinica diventata molto attuale, come un unico soggetto parlante possa sostenere queste contraddizioni. Si tratta della *Spaltung* di Freud, tradotta come 'clivaggio dell'Io', una dualità che sosterrebbe la realtà psichica. Il concetto è stato ripreso da Lacan che ha tradotto "clivaggio" con il termine francese *refente*, ovvero 'scissione', da distinguere dalla "divisione" del soggetto – una divisione nei confronti del significante, del linguaggio – giacché l'Io non è il soggetto.

Altra contraddizione, che urta l'amor proprio, cioè l'Io, consiste nel dire "sì" a chi ti rifiuta: qui c'è l'essenza della trasformazione della derelizione (termine con cui indichiamo uno stato di radicale angoscia, l'essere totalmente indifesi come può esserlo un neonato) in *Gelassenheit* ('beatitudine'). In *Abîmes ordinaires*, Millot racconta della sua attesa di beatitudine dopo l'esperienza della derelizione, sebbene la beatitudine raggiunta si dissipasse lasciandola nell'angoscia.

Per le tre donne protagoniste di *La vie parfaite*, al contrario, la beatitudine non si dissipa, o almeno così è stato per Guyon, la mistica più

1 J. Lacan, Il seminario, Libro VII, *L'etica della psicoanalisi* (1959-1960), Einaudi, Torino 1994, p. 330.

2 C. Millot, *Gide Genet Mishima. Intelligenza della perversione*, Edizioni Kami, Roma 2003.

pura delle tre, la più giusta per illustrare la vita perfetta. «*Le large*»[3] è il termine inventato da Millot per esprimere l'essenza dell'esperienza mistica, ciò che caratterizza queste tre strane creature non è il godimento, ma la libertà ad essere in gioco. Loro prendono *le large*, 'il largo': è l'andarsene, l'assentarsi dalla vita comune. Assentarsi dall'Io era il loro modo per arrivare al soggetto allo stato puro, un soggetto senza Ego, acefalo, un soggetto come staccato dalla struttura. Millot lo chiama semplice strumento destituito di vita propria.

Cos'è la vita senza Ego, senza io? Ci si riferisce alla dimensione moica[4], immaginaria dell'Io, quella che fonda la "personalità" e che ha permesso a Lacan di dire che la paranoia è la personalità. Tuttavia alcune psicosi sembrano fatte di un immaginario senza io. Sono i deliri d'immaginazione e le parafrenie confabulanti. «Se un incontro con un io forte resta possibile, siamo capaci anche soltanto d'immaginarne uno con un'assenza totale di io?»[5], domanda Marcel Czermak.

«L'io è un'organizzazione per resistere alla passività essenziale del soggetto nei riguardi dell'Altro»[6], dice Millot. O ancora: «Si tratta [...] di passare dall'altra parte dello specchio, distruggendo il dispositivo speculare dell'Io»[7] in cui ci si prende per oggetto d'amore. Le mistiche sono spinte da un'aspirazione potente a ridursi a niente, a uno scarto. Per loro non c'è più pena o piacere, niente da fuori o da dentro che possa più toccarle, sono ridotte al "non essere". Questa è la morte dell'Io, dice Millot.

Ciascuna delle tre donne ha operato delle scelte. Ma ora chi osa scegliere? Siamo spinti a nostra insaputa e accettiamo e adottiamo il punto

3 C. Millot, *La vie parfaite. Jeanne Guyon, Simone Weil, Etty Hillesum*, Gallimard, Paris 2006, p. 11. Qui Millot descrive le mistiche come donne che prendono il largo: «Il largo è il petto che si dilata, il vento che gonfia le vele, l'orizzonte che non smette di estendersi», un concetto che attraversa l'intero volume, arricchendosi di significazioni e sfumature ulteriori.

4 Traduciamo qui con "moica" il termine francese *moique* ricavato dalla parola "moi", io. Si tratta però della dimensione immaginaria dell'Io che Lacan distingue dall'Io, "je", soggetto dell'enunciazione.

5 M. Czermak, *Psicosi senza io* (pp. 305-312), p. 306, in N. Dissez, C. Fanelli (a cura di), *Il sapere che viene dai folli*, DeriveApprodi, Roma 2017.

6 Millot, *La vie parfaite*, cit., p. 53.

7 Ivi, pp. 53-54.

d'arrivo, rinunciando a seguire un desiderio troppo scomodo, troppo diverso dal cammino indicato, troppo dirompente per chi ci sta intorno.

Rinuncia è una nozione estranea a queste tre donne, anche se, paradossalmente, è proprio la rinuncia che sembra aprire alla loro comunicazione particolare nella comunione con l'Eterno. Rinunciare a scegliere, a escludere, alle preferenze, accettare tutto ciò che capita è il loro modo. Perché tutto è sempre perfettamente buono. Perfettamente buono e, allo stesso tempo, perfettamente cattivo (come la banda di Möbius, non ci sono superfici, solo un bordo).

Ciascuna, Guyon, Weil, Hillesum, nasce in un mondo molto strutturato. Donne in carne e ossa, donne che sono state portate a porsi le questioni che attanagliano ancora le donne di oggi. Si direbbe che il mondo non sia largo abbastanza per contenerle.

Per allentare le catene della struttura rigida del suo mondo, Jeanne Guyon ha dovuto prendere *le large*, nel senso della libertà eccezionale che, assentandosi dal comune, l'ha riportata comunque in prigione.

Simone Weil se n'è andata nel modo più autodistruttivo possibile, diventando uno scarto, il suo corpo una spazzatura, buttandosi via.

Etty Hillesum sembra aver raggiunto davvero "l'andarsene", si piazzava al di fuori, ma stando molto dentro, trovando la gioia di continuare nel semplice riflesso del sole in una pozzanghera d'acqua. Si vedeva come "cronista" del suo tempo e sperava di sopravvivere per testimoniare. L'ha portata via la soluzione finale, che forse non c'era modo di evitare. Forse la più vicina a noi, la più moderna, Etty, ha vissuto un'esperienza curiosa, particolare, di analisi, probabilmente junghiana, che l'ha portata a domande come: «Una donna è condannata ad avere il suo centro di gravità nell'uomo?», e anche «la ricerca dell'uomo unico (o unico uomo) è una restrizione del campo proprio della donna?». È propriamente a questo desiderio di possedere un unico essere per tutta la vita che una donna dovrebbe rinunciare? Rinunciare alla possessività è anche rinunciare ad essere la donna di un unico uomo?

Domande alle quali Etty non ha avuto il tempo necessario per rispondere, ma che sono sempre attuali per le donne di oggi.

11. Il corpo di una donna*

Che cos'è un corpo? Forse alcuni sono sicuri di poterlo definire. Ci sono corpi che si sono contati a Parigi: i 132 morti della strage compiuta al Bataclan, nel novembre 2015. Il nostro corpo è salvo, almeno per il momento, e osserviamo, ipnotizzati, quanti corpi e quanti involucri, sì, involucri di vite, si sono visti svuotati, quella sera. Da quale punto di vista guardiamo, soprattutto da fuori, quando proviamo a percepire il peso di un corpo a noi estraneo? Cos'è un corpo?

La prova che il corpo ci può sempre sembrare estraneo, qualche volta alleato, in altre circostanze nemico e traditore, si trova nel bel libro di Salvatore Malizia e Daniela Turi, intitolato *Un clandestino dentro*: «Mi sentivo scissa: una parte di me osservava, quasi con indifferenza, l'altra, malata»[1].

È sorprendente la constatazione di sentirsi divisi, di riconoscere un dentro che si osserva da fuori, e soprattutto di non essere l'unità psiche-soma che si credeva. Il titolo, *Un clandestino dentro*, si può leggere in molti modi, ma le parole chiare e toccanti indicano la misteriosa estraneità del soggetto rispetto al proprio corpo.

Ci accorgiamo che, per Daniela, c'è un "fuori" e c'è un "dentro" e che, dentro questo dentro, c'è un fenomeno nuovo, un'aggressione che coinvolge tutto l'organismo. Ma lei, il soggetto, è fuori, "scissa", coin-

* Il testo raccoglie l'intervento tenuto nel novembre 2015, alla Camera dei Deputati, in occasione della presentazione del volume di S. Malizia, D. Turi, *Un clandestino dentro. Storia d'amore, salute e malattia*, *Prefazione* di U. Veronesi, La Vita Felice, Milano 2015.

1 Malizia, Turi, *Un clandestino dentro*, cit., p. 17.

volta ma dolorosamente inerme, alienata dal nuovo sconosciuto che sconvolge la sinergia della “macchina-corpo” fino ad allora valida.

La macchina-corpo non è un accostamento casuale, e si sa che inventori ispirati del passato hanno costruito questo ibrido e hanno raccolto grande successo presso un pubblico entusiasta. I robot sono emersi numerosi sul mercato dopo la meravigliosa fiaba del Mago di Oz. Oggigiorno nessun bambino si stupisce davanti ai corpi meccanici che tecnologia e scienza sono riuscite a realizzare per incontrare e perfezionare l’immaginario. C’è stata la bambola magica molto reale del racconto di Hoffmann, che tiene prigioniero il povero Nathanael fino a spingerlo alla morte[2]. In tempi non così lontani, sono stati confezionati bellissimi corpi umani per permettere a celibi incontinenti – o ad altri – di gioire comodamente dell’amplesso, senza la necessità di futili preliminari di parole. Non ci sorprende che sia proprio la parola, il dentro – che pure si è cercato di creare e instillare in questi corpi privi di una vita propria –, che non si è riusciti a inventare.

La macchina-corpo è un’invenzione che permette di fare a meno degli inconvenienti in cui incorre l’essere parlante ogni volta che prende la parola. Un fantasma molto diffuso è quello ispirato all’ideale di un corpo immaginario funzionante a comando. La clinica c’insegna che abbiamo tutti una dose di onnipotenza riguardante il proprio corpo.

Anche Daniela fa appello a quel potere che si chiama coraggio. Quanto coraggio ci vuole per affrontare l’attacco del clandestino! «Ma forse coraggio non è: può essere anche superficialità, senso di onnipotenza» scrive Daniela «che ti fa credere che la botta grave non arriverà mai»[3]. Solo il soggetto sa creare un’alleanza con il corpo per sconfiggere l’intruso.

Lacan ha distinto tre registri che compongono la struttura soggettiva: l’Immaginario, il Simbolico e il Reale. Ad ognuno di essi corrisponde un aspetto del corpo.

Il feto prima, e il neonato poi, non conoscono il fuori e il dentro. Lui/lei è un tutt’uno con il corpo della madre. Tutto passa attraverso un unico sistema vitale che assicura il funzionamento di questo organismo duplice. C’è un momento, che Lacan situa tra i sei e i diciotto mesi di

2 E.T.A. Hoffmann, *L’uomo della sabbia e altri racconti*, Mondadori, Milano 1987.

3 Malizia, Turi, *Un clandestino dentro*, cit., p. 17.

vita, in cui il bambino può riconoscersi e identificarsi all'immagine allo specchio[4]. Si tratta di un'«assunzione giubilatoria»[5] dell'immagine del proprio corpo. Lacan dice che questa immagine si riflette e si riconosce nello specchio. Non è indifferente che l'essere umano si veda per la prima volta al di fuori di sé. Da quel momento si crea un raddoppiamento tra la sua persona e la sua immagine[6]. Il corpo diventa Uno, sempre se la formazione dell'immagine si accompagna ad alcune condizioni particolari. Una di queste è la parola di chi sostiene il piccolo e partecipa all'esperienza fondante dell'Io, spartiacque tra la fusione primordiale e l'avvento dell'immagine del corpo proprio. È una parola unificatrice, la parola che fonda l'immagine in cui l'essere si riconoscerà.

Ci sono anche casi in cui questo momento inaugurale è segnato da incertezze dovute a una mancanza dell'istanza simbolica, ovvero della parola. Sono casi in cui l'immagine speculare del corpo, che rimane in tutti i casi fragile, è frammentata, o altri ancora più gravi in cui questa immagine è assente, fenomeno, questo, caratteristico di alcune psicosi.

4 Ci si riferisce alla teoria dello stadio dello specchio cui a lungo sono stati legati il nome e la fama di Jacques Lacan. Lo psicanalista ne parla per la prima volta a Marienbad, in occasione del Congresso dell'IPA, nel 1936. Interrotto in quella circostanza da Ernest Jones, vi ritornerà solo nel 1949 a Zurigo, in occasione del XVI Congresso Internazionale di Psicoanalisi, con il titolo *Lo stadio dello specchio come formatore della funzione dell'io* – testo la cui versione definitiva si trova all'interno dei suoi *Scritti*. Lo stadio dello specchio ci fa vedere quale sia la «trasformazione prodotta nel soggetto quando assume un'immagine» (J. Lacan, *Lo stadio dello specchio come formatore della funzione dell'io*, in Id., *Scritti*, Vol. I, Einaudi, Torino 2002, p. 88), vale a dire quale sia la funzione dell'immagine del corpo a livello psichico e quali conseguenze comporti assumerla o meno. Di fatto il bambino, che percepisce il proprio corpo in frammenti, può, grazie al medium delle parole dell'Altro, identificarsi a quell'immagine unitaria che lo specchio gli restituisce come fosse quella di un altro e la cui visione suscita la sua giubilazione. Così facendo riesce a temperare le tensioni fisiche che lo attraversano. Sulla percezione dell'immagine del proprio corpo si regolerà la percezione di ogni altro oggetto della realtà – quindi i difetti dell'uno si ripercuoteranno sugli altri. In altre parole, il modo in cui percepiamo il nostro corpo condiziona il modo di recepire la realtà. Per questo motivo Lacan ha definito lo stadio dello specchio come «soglia del mondo visibile».

5 Ivi, pp. 87-94.

6 Il passo di Lacan recita: «Egli mette alla prova ludicamente la relazione fra i movimenti tratti dall'immagine e l'ambiente riflesso, e fra questo complesso virtuale e la realtà che raddoppia, cioè il proprio corpo e le persone, o gli oggetti, che gli stanno a lato». Ivi, p. 87.

Il corpo in frammenti riappare nel Reale. Conosciamo l'importanza dello specchio per gli schizofrenici[7] e il valore che gioca l'immagine nell'ipocondria[8].

Solo dopo la formazione dell'Io viene delimitato un interno ben distinto dall'esterno e, solo a questo punto, si può parlare di "vita interiore". L'esempio dello stadio dello specchio illustra bene come il corpo sia dell'Altro, del luogo della parola. Il corpo simbolico nasce dal linguaggio che lo sveglia, lo consolida e lo inserisce nell'esistenza mentre crea al suo interno i significanti per qualificarlo.

Ogni donna deve affrontare il mistero di ciò che c'è dentro a partire da questa "vita interiore" che le dà la possibilità di trovare le parole per fare i conti con il corpo Reale. Il Reale del corpo è tutto ciò che sfugge ai tentativi di immaginarlo e di simbolizzarlo. Il Reale è ciò che resiste, ciò che fa inciampare, che tocca un certo limite di età, di sesso, di destino. Il corpo Reale è quello che esamina il medico quando esso ha toccato un limite difficile da osservare, difficile da toccare perché provoca angoscia.

Cosa c'è dentro il corpo di una donna? Freud ha cercato la risposta nella gola profonda di una paziente chiamata Irma. Lo psicanalista ha sognato di farle un'iniezione per curare un'infezione. Così, nella gola della donna ha scoperto un'immagine terrificante, un oggetto, forse l'organo femminile, ma sotto forma di un oggetto che non è un oggetto, di qualcosa che si avvicina a ciò che gli psicanalisti dopo Lacan hanno chiamato un «Reale ultimo», l'oggetto d'angoscia per eccellenza[9]. Freud fa una scoperta orribile, quella della materia, la carne che non si vede mai,

7 Ci si riferisce a un fenomeno clinico caratteristico della schizofrenia, chiamato "segno dello specchio", in cui è possibile osservare il paziente avvicinare il suo volto allo specchio nel tentativo di fissare un'immagine che perde e va in frammenti.

8 Se partiamo dal presupposto che l'assunzione dell'immagine del corpo regola la percezione disunita e frammentaria del corpo, attenua le sue tensioni, possiamo intuire come la mancata assunzione di questa immagine abbia anche una serie di conseguenze nel vissuto pulsionale del corpo. L'ipocondria psicotica descrive bene in che modo il mancato annodamento tra i registri consegni il corpo a fenomeni allucinatori e percezioni reali di godimento.

9 È possibile trovare un'analisi dettagliata del sogno dell'iniezione a Irma in J. Lacan, Il seminario, Libro II, *L'io nella teoria di Freud e nella tecnica della psicoanalisi* (1954-1955), Einaudi, Torino 1991, pp. 189-220.

il fondo delle cose, il rovescio del viso, la carne sofferente la cui forma provoca angoscia. Il sognatore dice di non voler procedere più a fondo con Irma. L'angoscia che prova il medico, colui che non teme di toccare la carne, di maneggiare l'immondo, è ciò che gli permette di trattare i suoi malati e coglierne la sofferenza, e ai suoi malati di voler stare tra le sue mani.

Anche gli psicanalisti talvolta scoprono nelle parole dei pazienti forme terrificanti che li obbligano a sbrogliare matasse incancrenite. Però, il linguaggio riesce a muovere il desiderio e «far sorgere un corpo, l'aspirazione al piacere, la voluttà che esso promette»[10]. Il problema è trovare quelle parole.

Il corpo rinasce anche attraverso la scrittura: «Ho deciso di scrivere la mia storia per dare un senso all'esperienza vissuta»[11] scrive Daniela. Per lei la scrittura funziona come corpo e la lettera la solleva dall'insopportabile perdita dell'oggetto che manca all'immagine di sé, l'immagine unitaria conferita dal narcisismo primario.

Umberto Veronesi, nella sua *Prefazione* al libro, scrive: «Ogni volta mi stupisco della capacità femminile di trasformare la sofferenza in amore e di saper descrivere questa magia con profondità e poesia»[12].

10 C. Fanelli, *Erotismo e godimento*, conferenza tenuta nel 2012 presso la Facoltà di Filosofia della Sapienza, Roma, a Villa Mirafiori, pubblicata poi in AA.VV., *La donna. Tra la madre e la puttana, qual è il posto di una donna?,* Associazione La Convivia, Roma 2013. Il passo recita: «Quando possiamo parlare di erotismo? Quando un linguaggio – sia esso quello dell'arte, quello del cinema, della danza, della letteratura o della religione – riesce a far sorgere un corpo, l'immagine di un corpo, e l'aspirazione al piacere, la voluttà che esso promette. Corpi abbandonati, riversi o tesi, corpi velati o all'improvviso denudati, corpi marchiati o disincarnati. Quando ci sono due corpi, si chiederà lo psicanalista Jacques Lacan, come si fa a dire quale dei due sta godendo?».

11 Malizia, Turi, *Un clandestino dentro*, cit., p. 24.

12 Veronesi, dalla *Prefazione* al volume di Malizia, Turi, *Un clandestino dentro*, cit., p. 5.

12. Intrappolata nella storia[*]

Nel solco di Sholem Aleichem[1], vorremmo raccontare una storiella per illustrare come una lingua possa dare un *heim* – un luogo di salvezza – anche nei momenti più bui vissuti da un essere umano. Non si tratta affatto di un caso: parlare, indirizzarsi a qualcuno rivela un modo nuovo di esprimere quanto la sofferenza imprime nella vita di ciascuno. Questa nuova lingua è la prova del bilinguismo strutturale di ogni essere parlante – l'invenzione della lingua, infatti, non è riservata necessariamente a scrittori, filosofi e artisti. La produzione di significanti nuovi, neoformazioni della lingua, siano essi neologismi o lapsus, rimanda direttamente al funzionamento della psicanalisi.

Sonia è una bambina di L'vov, in Galizia. Nel 1940 ha dodici anni quando vive la scomparsa di tutta la sua famiglia. Ricercata dalla Gestapo, che ha il compito di rastrellare tutti gli ebrei, e dalla polizia polacca, è condannata a inventare modi di sopravvivenza per non fare la fine degli altri. Infatti ciò che le manca per ottenere una sopravvivenza che non sia

* Relazione tenuta nell'ambito della Giornata *Misafà lesafà*, *Da una lingua all'altra*, organizzata a Roma da Ilana Bahbout e Cristiana Fanelli giovedì 12 maggio 2011, presso il Centro Bibliografico Ebraico dell'Ucei. Vi hanno preso parte: Shalom Bahbout, Muriel Drazien, Victor Magiar, David Meghnagi, Charles Melman, Laura Quercioli Mincer. Di lì a breve, il libro di Leslie Cohen sarebbe stato tradotto e pubblicato in Italia presso Editori Internazionali Riuniti.

1 Celebre scrittore statunitense di origine ebraico-ucraina, ha narrato la vita delle comunità ebraiche dei piccoli villaggi dell'Europa dell'Est come anche delle grandi città statunitensi. Ha scritto in russo, ebraico e yiddish ed è stato il primo a scrivere libri per bambini nella sua lingua, fatto questo che gli valse l'epiteto di Mark Twain ebraico, cui egli ribatteva ironicamente: «Semmai Sholem Aleichem americano!».

solo fisica – sebbene la bambina rischi ogni giorno di morire di fame – è la possibilità di parlare con qualcuno, di comunicare, di sentirsi parte dell'universo. Basterebbe un lapsus, un accento, una parola di troppo che la riveli ebrea e tutto sarebbe perduto.

Tanto è forte questa paura di rivelarsi, anche nel sonno, che la bambina si sente sul punto di perdere la parola. Le parole sembrano sfuggirle e con esse la vita stessa, muta preda della violenza che potrebbe abbattersi su di lei. Se non diventa autistica, se non perde la ragione, è perché si affida alle parole per trovare una nuova lingua con cui continuare a parlare.

Eccola allora attraverso i suoi ricordi entrare in relazione con una serie di personaggi mitici, eroi ed eroine amici della sua immaginazione infantile, per esempio Yash e Malgosha, che potremmo considerare l'equivalente polacco di Hansel e Gretel, o anche Ivasyk, che potrebbe funzionare come una specie di "principe azzurro". Sono proprio questi personaggi presi di peso dalle fiabe che sono convocati per ascoltare le sue parole. Si preoccupano dei suoi timori, rispondono e le danno il coraggio per affrontare ogni giorno pericoli nuovi. Dove rifugiarsi, come trovare da mangiare o chi potrebbe non denunciarla sono per lei scogli da affrontare *sola*, confortata dai personaggi che le sono accanto. Con questi dialoghi interni e la possibilità di comunicare con le parole, ricercati nella sua disperata solitudine, Sonia è riuscita a tenersi ancorata alla vita proprio attraverso un linguaggio inventato, pensato per essere detto e parlato. Senza l'invenzione di questo linguaggio sarebbe stata condannata al mutismo, in ultima analisi alla follia. Quella follia, l'alienazione appunto, che si verifica quando la solitudine è totale. Senza la parola e la possibilità d'indirizzarla si cade fuori dalle reti del linguaggio.

La storia di Sonia è stata scritta da un'israeliana di origine americana, Leslie Cohen, in un libro dal titolo significativo, *Trapped Inside the Story* (*Intrappolata nella storia*)[2]. La storia di cui fa parte Sonia, e nella quale è intrappolata, parla di un mondo che stava allora per scomparire e che ora non esiste più. Quel mondo ebraico dell'Est Europa e della Polonia che per secoli è stato conosciuto come "Yiddish Land", ma che verrà sterminato e niente sarà mai più come prima.

2 L. Cohen, *Intrappolata nella storia*, Editori Internazionali Riuniti, Roma 2013.

La piccola Sonia, diventata una ragazza temprata, per miracolo sopravvissuta a questo disastro, cercherà, non appena finite le ostilità, di raggiungere la sua città natale. Fuggendo, scappando, camminando, si trova ora lontano da L'vov. Il viaggio di ritorno per cercare traccia della sua vita precedente, questa volta in treno, le riserverà la sorpresa, alla nuova frontiera, di scoprire che L'vov non è più in Polonia, come quando era bambina nella sua famiglia, ma che adesso si trova in Ucraina.

Questa è una storia di lingue mescolate, di Paesi sconvolti, di mondi distrutti e di sopravvivenze grazie al linguaggio nel quale uno si inserisce o in quello che si inventa. Leslie Cohen ha cambiato lingua intervistando in ebraico Sonia, per restituire poi il suo racconto nella propria lingua materna, l'inglese. Sonia ha ormai abbandonato la lingua polacca, la lingua che lei parlava così bene, per mascherare con un accento ucraino la sua identità di ebrea-polacca e passare così per ucraina. Mascherare la lingua le ha consentito di nascondersi, perché quell'accento impresso come uno stigma sulla lingua era diventato la sua salvezza, come lo era il dialogo con i personaggi delle fiabe. Invenzioni per sopravvivere, per sfuggire ai suoi aguzzini nonché alla solitudine.

Sonia è approdata in Israele dopo la guerra, dove ha adottato la lingua ebraica per raccontare la sua storia nell'intervista accordata a Leslie.

LA VOCAZIONE DI MURIEL DRAZIEN

Intervista

L'amore di transfert. La formazione di un'analista*

di Cristiana Fanelli

> [L'analista] deve avere isolato la causa del suo orrore, la causa del suo proprio, di lui, staccato da quello di tutti, orrore di sapere.
>
> J. LACAN, *Nota italiana*

> Egli teneva di certo a trasmettere quel che lui stesso aveva accostato nell'analisi, vale a dire, ciò che chiamava «un brandello di Reale».
>
> M. DRAZIEN, *Le mie sere con Lacan*

Può parlarci del suo incontro con la psicanalisi?

Lo studio della letteratura alla Columbia University è stata la prima tappa di un lungo e serio corso di studi, che ho cominciato negli Stati Uniti e proseguito in Francia. Dopo aver concluso alla Columbia con una tesi su Marcel Proust, sono arrivata in Europa con una borsa Fulbright, e con un programma su Gide e Dostoevskij che univa i miei studi di russo con il francese. Scelsi Strasburgo, una città che allora non conoscevo, e poiché la mia borsa non prevedeva che preparassi una tesi alla Facoltà di Lettere, cominciai a seguire i corsi per l'*agrégation*[1]. Ma,

* Il testo è stato pubblicato in C. Fanelli, J. Jerkov, D. Sainte Fare Garnot (a cura di), *Le mie sere con Lacan*, Editori Internazionali Riuniti, Roma 2012, pp. 283-328.

1 L'*agrégation* è il concorso statale a cattedra per l'insegnamento secondario. Con questo termine si è soliti indicare sia il concorso per ottenere il titolo sia il titolo stesso di *agrégé* con il quale si ottiene l'abilitazione all'insegnamento nei licei o in alcune facoltà universitarie.

con mia grande sorpresa, l'insegnamento mi parve di livello molto inferiore a quello cui ero abituata, e soprattutto noioso.

Libera di trascorrere il mio tempo tra un corso e l'altro, cominciai ad accompagnare una psicologa americana, borsista anche lei, alle lezioni di Psicopatologia, nella Clinica psichiatrica di Strasburgo. Ricorderò per sempre quella prima lezione: aveva per tema l'epilessia ed era tenuta dal professor René Eptinger. La trovai appassionante. E così cominciai a seguire con assiduità tutti i corsi fatti alla Clinica, in modo particolare quelli di Psicopatologia tenuti da Lucien Israël[2] e le presentazioni dei malati del responsabile di servizio, davvero un grande clinico. In un breve arco di tempo maturai un grande interesse per questo campo completamente nuovo per me. Infatti alla Columbia avevo seguito un corso introduttivo di Propedeutica alla psicologia che, al contrario, non mi aveva affatto interessata. Era chiaramente la clinica ad attrarmi. Oggi direi: il Reale.

Così, preso il toro per le corna, annunciai al mio direttore di tesi alla Facoltà di Lettere la mia intenzione di cambiare, una scelta che è possibile fare quando si hanno vent'anni. Intrapresi così i miei studi di Psicologia. Cominciai con Psicologia generale e Psicologia dell'infanzia – il corso principale era tenuto da Yvon Belaval, un grande nome della filosofia e della psicologia dell'epoca, ma per quell'anno era già terminato.

La mia amica americana, divenuta da allora una carissima amica, lasciando Strasburgo per Harvard volle passarmi il suo manuale di Psicologia, dicendomi: «Se impari questo manuale, non avrai problemi con gli esami». Aveva ragione! Intanto io dedicavo il mio tempo ai corsi di Psichiatria e alle presentazioni dei malati.

In quell'epoca molti giovani gravitavano intorno a Lucien Israël. Mi ricordo bene di Jean-Pierre Dreyfus, Marcel Ritter, André Michels, di-

2 Lucien Israël (1925-1996) medico e psicanalista, professore di psichiatria presso l'Università di Strasburgo, è stato tra i più eminenti allievi di Lacan nonché membro dell'École Freudienne de Paris, sino al momento della sua dissoluzione. Capo servizio al Centre Hospitalier de Strasbourg, ha coniugato la prassi psicanalitica al sapere medico. Alla grande esperienza clinica egli ha unito una vasta cultura nel campo della scienza, della filosofia, della pittura e della letteratura. Autore di moltissime opere in lingua francese, sono pochissime quelle tradotte in italiano: L. Isräel, *L'isteria, il sesso e il medico*, trad. it. di M. Fiumanò, Elsevier, Milano 1986; e il breve scritto *Amare al femminile*, pubblicato in *La mascherata*, un libro collettaneo sulla sessualità femminile nella nuova psicanalisi, N. Bassanese e G. Buzzati (a cura di), Savelli, Milano 1980, pp.169-174.

venuti poi psicanalisti, e altri psichiatri importanti come Jean-Jacques Kress. Alcuni stavano terminando gli studi di Medicina o la specializzazione, altri erano già in analisi: tutti erano molto appassionati al lavoro che facevano con Israël.

Israël teneva i suoi corsi in un grande anfiteatro, sempre affollatissimo al punto da non trovarvi mai posto; erano corsi assolutamente straordinari. Israël parlava di psichiatria, di psicanalisi, di Freud e di Lacan in un quadro medico, in un luogo di cura, indirizzandosi a studenti, interni, professori – non si era mai vista una cosa simile!

Inoltre mi ero molto appassionata alle presentazioni dei malati dirette dal professor T. Kammerer. Talvolta accadeva che il malato parlasse soltanto in dialetto alsaziano e, a sua volta, Kammerer lo interrogava in dialetto – il che mi sembrava favorisse un'intimità tra malato e medico, un avvicinamento che suggellava quel momento, rivelando spesso quel che il linguaggio deve al dialetto. Mi ero così convinta dell'interesse di questo tipo di esame che invece, a partire da una certa epoca, ha raccolto molte critiche.

Alcuni anni più tardi, anche le presentazioni tenute da Jacques Lacan furono criticate perché non *politically correct*, come se violassero la sfera privata, come se la presentazione del malato davanti agli allievi fosse il simbolo di quel potere medico esercitato negli ospedali in una certa epoca. Durante le sue presentazioni, anche Lacan prestava molta attenzione ai dialetti, interrogava il malato sui suoi luoghi d'appartenenza, su alcune espressioni colloquiali o familiari che certamente costituivano per il soggetto dei punti fissi.

Intanto, avevo sostenuto e superato l'esame di Psicologia generale del primo anno con Didier Anzieu, membro della Société Française de Psychanalyse (SFP) e, all'epoca, professore a Strasburgo nonché analista di molti interni. Avevo dato un solo esame, ma ero decisa a passarne altri l'anno successivo e a conseguire la laurea (che allora consisteva in quattro diplomi). E così, nello spazio di due anni e un'estate, presi la laurea in Psicologia. Anche nel corso del mio secondo anno a Strasburgo ho potuto frequentare la Clinica grazie all'accoglienza amichevole di Israël, che mi permetteva di seguire con lui le visite all'ospedale, e di ricevere così una formazione clinica indimenticabile...

Come mai ha lasciato Strasburgo per Parigi?

Israël era membro della Société Française de Psychanalyse (SFP), fondata da Jacques Lacan insieme a Daniel Lagache e ai loro allievi – un'associazione sorta a seguito della grande scissione dalla Société Psychanalytique de Paris (SPP). Israël partecipava agli incontri della Société Française a Parigi, di cui poi ci raccontava con un entusiasmo assolutamente contagioso. Fu nel corso di una di queste discussioni che, per la prima volta, lo sentii parlare di un allievo di Lacan, un certo dottor Charles Melman che aveva presentato uno studio straordinario su *L'uomo dei lupi* alle ultime «Giornate Provinciali» della SFP.

Lucien Israël era un uomo molto colto e molto originale. Proprio nell'epoca in cui lo avevo incontrato, era diventato il più giovane professore *agregé* di Psichiatria in Francia. Proiettata verso un orizzonte del tutto imprevisto, insieme a Israël che m'incoraggiava a intraprendere questa strada, decisi di spostarmi a Parigi per cominciare un'analisi: cercavo infatti risposte a una moltitudine di questioni su me stessa e su quello che la frequentazione dei malati della Clinica mi aveva fatto scoprire.

Fu così che feci domanda alla Société Française de Psychanalyse, istituto che si era separato dall'IPA (International Psychoanalytic Association) a causa dei dissidi intercorsi tra alcuni didatti e Lacan, che allora era responsabile dell'insegnamento della Société de Paris. Centrata com'era sulla figura enigmatica di Jacques Lacan, la SFP aveva una storia "frondista". Assieme a Lacan ne facevano parte Daniel Lagache, Juliette Favez-Boutonnier, Françoise Dolto e altri nomi importanti della psicanalisi dell'epoca. Tutti pensavano che la SFP si sarebbe ricongiunta con l'IPA, come se fosse solo questione di tempo, ma, di fatto, non fu così. Fu probabilmente l'animosità accumulata contro Lacan dai "politici" della SPP a orientare le decisioni diversamente.

Prima che lasciassi Strasburgo per Parigi, Anzieu mi prese da parte per garantirmi che non valeva la pena andare a Parigi per fare un'analisi che poteva farsi benissimo anche a Strasburgo. D'altra parte, si propose volontario dicendo che, se avevo intenzione di andare da Lacan, ci teneva ad avvertirmi che era certamente tra i più cari.

Nonostante ciò, con in tasca la laurea e la lista degli analisti didatti che la Société Française de Psychanalyse mi aveva inviato assieme alla loro «accettazione in previsione di un'analisi didattica», sono partita per Parigi alla ricerca di un lavoro per vivere e di un analista con cui continuare la mia formazione. Mi domandavo anche se fare una tesi di dottorato, ragione per cui mi recai da Daniel Lagache, professore alla Sorbonne e didatta nella SFP. Era proprio il momento dei tumulti: una Commissione internazionale indagava su quest'associazione "eretica", la SFP, per deliberare se questo "French group", come la SFP veniva familiarmente chiamata, avesse o meno le carte in regola per appartenere di nuovo alla grande famiglia dei freudiani.

Lacan aveva accettato di prendermi in analisi anche se, come avrei saputo in seguito in un modo un po' traumatico da Daniel Lagache, mio futuro direttore di tesi, aveva già superato la quota di nuovi analizzanti, quota fissata dalla famosa Commissione d'inchiesta. Lacan era stato provvisoriamente sospeso! E io, io ero fuori legge! Ad ogni modo nel mese di dicembre, poco prima della fine dell'anno, potei cominciare la mia analisi con Lacan.

L'anno prima, quando ero ancora a Strasburgo, avevo fatto un viaggio in Inghilterra per andare a trovare Michael Balint, psicanalista di fama all'epoca, celebre per il suo articolo sulla crisi ipomaniaca di fine analisi. Durante il nostro incontro gli raccontai quel che avevo fatto, la mia esperienza a Strasburgo che avrei voluto proseguire, gli parlai del mio interesse per il lavoro della Tavistock Clinic di Londra e, infine, gli dissi che pensavo fosse auspicabile che io facessi un'analisi nella mia lingua natale, l'inglese. Mi rispose che la Société Britannique aveva firmato un accordo con l'American Medical Association che vietava di prendere in analisi didattica degli americani che non fossero medici. Questa risposta mi escludeva, come aveva di certo escluso anche molti miei compatrioti alla ricerca di una strada per diventare analisti, strada che negli Stati Uniti veniva chiusa ai non medici.

Per me la faccenda era chiusa: cercavo una formazione e volevo appartenere a una istituzione che me la garantisse. Me ne andai da Balint con il ricordo di un uomo pieno di sé, che cominciava le sue frasi con «noi, gli inglesi», benché fosse ungherese.

Ritornai a Parigi, convinta che la lingua natale non era poi così indispensabile per fare un'analisi. Con il tempo avrei imparato perché: la lingua si inventa, e ogni analizzante ne fa esperienza indirizzandosi all'Altro.

Che impressione ebbe quando andò per la prima volta da Lacan? Vuole restituirci il suo ritratto di Jacques Lacan?

Il transfert s'instaura ben prima del primo incontro. Lacan parla dell'"incontro" nel suo seminario *I quattro concetti fondamentali della psicoanalisi*. L'incontro del Reale, dice, è al di là dell'*automaton*, vale a dire di qualcosa che si ripete e che fa ritorno[3]. In effetti, durante questo primo incontro con il proprio psicanalista si gioca tutto, avviene qualcosa di inaudito: è la *týchē*. Ero preparata grazie a tutto quello che già sapevo al riguardo. Avevo molta voglia di cominciare finalmente a confrontarmi sul lettino con i miei numerosi problemi. Lacan aveva grandi orecchie e un sorriso accogliente. Prestava un'attenzione particolare alle parole, che poteva rinviare in un modo completamente diverso. Non si "vede" il proprio analista, ed è anche difficile sentirlo, ma nondimeno dalla seduta si porta via con sé un viatico – il famoso *après-coup*.

*Lei ha incontrato Jacques Lacan in anni molto difficili, all'epoca della sua divisione dall'*IPA.

Qualche mese dopo l'inizio dell'analisi, assieme ad altri allievi, venni convocata dalla Commissione internazionale che doveva decidere se Lacan e gli altri analisti della SFP fossero o meno accettabili. Varie persone che avevano già fatto esperienza di questi colloqui l'anno precedente – l'inchiesta infatti si svolgeva su due anni – avevano tentato di consigliarmi: «Ecco, ti chiederanno quanto durano le tue sedute». Sembra che fosse questa la questione più importante perché si sapeva che Lacan praticava sedute di durata non "regolamentare". Ma, ahimè, era la questione dell'anno precedente! Quella del mio anno era se ero stata ammessa al seminario di Lacan, che era pubblico e che, all'epoca, si teneva da Jean Delay, al Sainte-Anne, dove tutto il personale curante poteva assistere. Allora, io dissi di sì, che assistevo al seminario (ed era certamente la risposta sbagliata).

Non pretendo di credere che la mia risposta alla Commissione sia stata decisiva nel giudizio negativo che venne formulato sul mio analista.

3 J. Lacan, Il seminario, Libro XI, *I quattro concetti fondamentali della psicoanalisi* (1964), Einaudi, Torino 2003, pp. 52-55.

Gli inquirenti, psicanalisti esperti, eticamente irreprensibili, non sembravano granché preoccupati dell'effetto che questi colloqui potevano avere su dei giovani analizzanti. Il risultato finale fu di ammettere – o di riammettere – tutti i membri della SFP, salvo Lacan e Françoise Dolto.

Subito dopo quel che Lacan ha chiamato l'*excommunication*, la 'scomunica', si svolse la seduta unica del suo seminario interrotto (20 novembre 1963), tenuta al Sainte-Anne. Era stato annunciato il titolo *Il nome del Padre*, divenuto in seguito *I nomi del Padre*. Ricordo molto bene come si svolse. Dopo la sua lezione, Lacan annunciò che avrebbe interrotto il seminario. In quel momento alcuni notabili, con in testa Wladimir Granoff, fecero irruzione tentando di strappare il microfono che Lacan teneva per spiegarsi, per protestare e per difendersi. Lacan tenne duro, facendo capire con chiarezza che non aveva alcuna intenzione di tornare sulla sua decisione: dal momento che i suoi allievi pensavano di poter fare a meno del loro *maître*, potevano far a meno anche del suo insegnamento. D'altra parte, era stato tutto pilotato per arrivare a farlo tacere.

Io non ci capii assolutamente nulla, per di più, nessuno volle darmi spiegazioni sapendo che ero in analisi con Lacan. Persino Serge Leclaire, il Segretario della SFP, non mi diede risposte soddisfacenti. Mi era tutto a tal punto oscuro, che ero decisa a ritornare la settimana successiva per il seguito del seminario. Lacan ha interpretato il mio desiderio di prolungare il suo seminario come se il mio desiderio, innocente, fosse di voler prolungare la sua vita... In effetti la burrascosa scena alla quale avevo assistito poteva somigliare a un attentato alla sua vita.

Molto tempo dopo venni a sapere che i traditori erano stati Granoff, Rosolato, Smirnoff, Widlocher, Laplanche, Anzieu, tutti allievi di Lacan che, ironia della sorte, sono tutti rientrati all'IPA!

Poco tempo dopo, Lacan fondò l'École Freudienne de Paris. «Da solo», dichiarava, ma comunque insieme a qualche fedele, pochi a dire il vero, visto il confluire di molti dei suoi allievi e compagni verso l'Internazionale. Fra coloro che restarono a fianco di Lacan durante questi eventi così pesanti vi furono: Piera Aulagnier, François Perrier, Serge Leclaire, Jean Clavreul e i più giovani Charles Melman, Christian Simatos e Claude Dumézil.

A suo avviso la ricostruzione che Elisabeth Roudinesco fa di questi eventi è fedele?

Non conosco abbastanza bene il lavoro della Roudinesco. Ma dal momento che ho vissuto questi eventi davvero in prima persona, direttamente, non ho avuto la necessità di andare a informarmi altrove. La Roudinesco ha sempre avuto un atteggiamento un po' marginale, critico verso Lacan. Sua madre, Jenny Aubry, amica di Lacan, è stata membro dell'École Freudienne sin dalla fondazione.

Mi ricordo del debutto di Elisabeth, storica di formazione. Era una ragazza che non esitava a intervenire, anche quando era fuori strada. Aveva un'idolatria per sua madre, "la Génie di Lacan"[4], come veniva chiamata; ma per Lacan, non so... è come se ce l'avesse con lui. Perché, non saprei dirlo. Al contrario, sua madre gli era fedele; era una "dama di ferro", del genere di Margaret Thatcher, sorella di una grande femminista francese. Era responsabile del servizio all'Ospedale des Enfants Malades (Ambroise-Paré), dove ha diretto lo stage di molti giovani che volevano formarsi in pedo-psichiatria.

Come viveva Lacan tutti questi eventi? Ne era sconvolto?

Naturalmente, tutto ciò non era privo di ripercussioni ed era anzi sconvolgente per lui. Secondo me, Lacan non ha mai desiderato, né tanto meno considerato, la possibilità di lasciare l'IPA per sempre. Una vicenda cominciata come questione interna di una comunità analitica, una questione che Lacan basava sui propri sviluppi teorici, era divenuta un affare internazionale, simile a una specie di tradimento. Dopo Freud, scissioni ed esclusioni non erano novità nel movimento analitico. Credo che Lacan volesse essere riammesso, insieme a tutta la SFP, la nuova Associazione che egli aveva contribuito a fondare, credo persino che se lo aspettasse. La sua esclusione fu un brutto colpo, duro da incassare, che ha lasciato su di lui delle tracce di amarezza che non ha mai nascosto, facendo spesso riferimento nel corso dei suoi Seminari alla vigliaccheria dei vari protagonisti di questo avvenimento.

Per cominciare era stato sballottato da una parte all'altra dall'IPA, in seguito dovette lasciare il Sainte-Anne, e infine anche l'École Normale. Queste espulsioni erano forse cercate? Che faceva mai per meritare que-

4 "Génie" è omofono del nome proprio Jenny.

sto trattamento? Ad ogni modo, questi eventi ebbero l'effetto di rafforzare la sua reputazione di eretico, la sua aura di anticonformista, o paradossalmente di non *politically correct* perché "vittima" delle istituzioni.

Vivere a Parigi all'epoca, tra la Fac e rue de Lille…

Faccio un passo indietro. Quando Lagache mi abbandonò al mio destino, nel limbo dei "fuorilegge", presi la decisione di iscrivermi a Medicina. All'Università era un'epoca di grandi tumulti, la vecchia Facoltà di Medicina stava per essere trasformata in CHU (Centre Hospitalier Universitaire). I programmi di studio erano stati modificati parecchio e fu grazie a questo cambiamento che potei ottenere l'abilitazione preparatoria (il PCB) di Fisica, Chimica e Biologia.

Avevo anche ottenuto un lavoro da psicologa al BAPU di Besançon, dove trascorrevo due giorni a settimana. Grazie a Charles Melman che dirigeva un EMPP (Externat Médico-Psychopédagogique), mi erano stati assegnati degli incarichi a tempo determinato. Questa iniziazione alla pratica della clinica infantile mi ha permesso, nel corso della mia supervisione con Françoise Dolto, di osservare quel particolare stile di terapia che praticava con i bambini. In seguito Maud Mannoni mi ha proposto di fare delle supervisioni con lei in cambio di qualche lavoro temporaneo nella sua prima casa per bambini, a Thiais. Sono riuscita, malgrado fosse il feudo della SPP, a rientrare nel posto lasciato vacante da Nathalie Saltzman, all'ambulatorio del tredicesimo arrondissement, il primo esperimento di settorializzazione psichiatrica a Parigi.

Quando al secondo anno di Medicina fui bocciata per la seconda volta, ne fui talmente scoraggiata da dire a Lacan che volevo abbandonare. Allora egli intervenne, parlandomi della responsabilità verso coloro che abbiamo in cura, proprio come un padre può rivolgersi a un figlio. Quindi, *transfert oblige*, ho ricominciato. Il secondo anno è stato anche quello in cui è morto mio padre. Così tornai in America, abbandonando i corsi e le pratiche obbligatori. Lacan si recò allora dal preside della Facoltà di Medicina, un suo vecchio compagno, con gli *Scritti* appena pubblicati sotto il braccio: «Ecco, è una delle mie allieve» gli avrebbe detto «il cui padre è morto davvero». Era il genere di cose che Lacan poteva fare. Non molto ortodosso, ma non era la sua preoccupazione. Espulso dall'IPA, poteva fare a meno dell'ortodossia.

Dopo i primi anni, mi adoperai soprattutto per ottenere molti stage e, durante le vacanze universitarie, volli tornare a Strasburgo dove con Israël potei seguire dei malati in psicoterapia alla Clinica. Ed è qui che ho ricevuto il ragazzo di cui qualche volta ho parlato, un caso che all'epoca mi aveva angosciato molto a causa dei suoi sintomi e delle sue tendenze suicidarie. Alcuni anni più tardi, grazie all'insegnamento di Marcel Czermak, ho potuto riconoscere in questo ragazzo quel che Czermak ha chiamato la «morte del soggetto»[5] – presentava un sintomo molto strano che potei accomunare all'allucinazione visiva del dito staccato de *L'uomo dei lupi*: questo ragazzo ingoiava la sua lingua. In seguito feci leggere a Lacan i miei appunti sul caso, il che mi permise di leggere questo sintomo sullo sfondo di una difficoltà del ragazzo a integrare la lingua paterna.

A Strasburgo conoscevo bene coloro che erano stati formati da Israël: Jean-Pierre Dreyfus, Marcel Ritter, André Michels. Mi trovavo tra compagni, mentre a Parigi era tutto molto più impersonale. Ma al tempo di questi stage in Psichiatria al Sainte-Anne avevo incontrato Marcel Czermak, che allora era assistente, e Charles Melman, che era il responsabile della Clinica, con cui avevo potuto seguire le visite. Tutti i venerdì c'era

5 Con «morte del soggetto» descriviamo un particolare momento dell'evoluzione della psicosi in cui un soggetto si trova tagliato completamente fuori dall'universo Simbolico e, identificandosi realmente all'oggetto A in quanto "cadavere", precipita in uno stato di terribile sofferenza psichica. Si tratta, dunque, di una morte psichica che segna l'ingresso irreversibile nella psicosi. Il sentimento di morte imminente, che può investire se stesso come il mondo circostante, sconvolge la percezione del proprio corpo, come anche la percezione dello spazio e del tempo che sembrano sfaldarsi all'infinito. In Il seminario, Libro III, *Le psicosi* (1955-1956), Einaudi, Torino 2010, Lacan si è a lungo soffermato sul sentimento di «crepuscolo del mondo» di cui parla il presidente Schreber nelle sue *Memorie di un malato di nervi*. Questi apprende della propria morte dai giornali. L'analisi linguistica di questi passi delle *Memorie* fa emergere la raffinata trama di un «delirio di negazione», delirio di cui la sindrome di Cotard ci restituisce l'essenza (in questo delirio, la certezza di essere già morto rappresenta soltanto l'apice di un lungo percorso che, cominciato con la negazione degli organi del proprio corpo, si estende al mondo circostante sino a investire il soggetto stesso, consegnato infine a una morte in vita che si annuncia eterna; infatti, abolito il limite tra la vita e la morte, si dischiude lo spazio di una morte eterna – un morto vivente è paradossalmente immortale). Talvolta, nel periodo immediatamente precedente un episodio di morte del soggetto, il soggetto può fare appello alla bellezza che, come dimostrato da Lacan, costituisce l'ultimo riparo possibile prima della frantumazione del soggetto: l'estremo e vano tentativo di preservare quell'unità, psichica e corporea, che è ormai sul punto di dissolversi.

la presentazione dei malati di Lacan, a Magnan. Il seminario intanto non si teneva più il mercoledì al Sainte-Anne, ma all'École Normale, grazie all'intervento di Althusser, questo fino al 1968, quando Lacan venne di nuovo espulso, questa volta dall'École Normale.

Al quinto anno sono entrata all'Accettazione del Sainte-Anne, un posto straordinario, perché è lì che tutti i malati arrivavano per la prima volta all'ospedale, a parte quelli che venivano inviati d'ufficio al Deposito. Il Deposito è stato molto criticato nel 1968, e lo è ancora oggi, è un luogo che dipende dalla Prefettura della Polizia ed è la destinazione di tutti coloro che vengono raccolti dalla polizia. Vi hanno prestato servizio tutti i grandi nomi della psichiatria francese: de Clérambault e Lacan sono stati tra i più eminenti. Lavoravo molto all'Accettazione anche perché i miei compagni di studi, sapendo che ero lì, mi inviavano direttamente i loro malati.

A un certo punto Claude Dorgeuille mi propose di prendere il suo posto – era medico assistente di un ex responsabile di servizio al Sainte-Anne. Fui accolta curiosamente – un po' troppo calorosamente, e Lacan, che conosceva bene il personaggio, mi allertò dicendo che era un brutto segno. Come aveva ragione! I nostri rapporti sono finiti molto male per un mio errore nella prescrizione del Largactyl!

Dovevo occuparmi di un padiglione di malati cronici, lontano da un certo interno militante della SPP, la rivale Société de Psychanalyse. Non bisogna dimenticare le terribili rivalità, ancora brucianti all'epoca, tra le tre società psicanalitiche. Basti pensare che la SPP (l'Associazione "madre" dei freudiani, conosciuta come "l'Istituto") interdiceva ai giovani analizzanti di frequentare il seminario di Lacan benché Conrad Stein e André Green, entrambi didatti dell'Istituto, occupavano posti in prima fila al seminario, all'ENS nella rue d'Ulm. Era diffuso un vero e proprio odio contro Lacan, tacciato di essere eretico, strambo, ciarlatano. Al tempo stesso, il suo seminario era affollatissimo e vi si trovavano persone come Michel Foucault, Alain Cuny, talvolta Roman Jakobson, e molte altre personalità dell'epoca.

Che tipo di relazioni aveva Lacan con i suoi contemporanei?

Lacan aspirava a far conoscere il suo insegnamento in ambiti diversi dalla psicanalisi. Eppure nessuno tra i *maîtres à penser* dell'epoca riconosceva pubblicamente il valore del suo lavoro. Poco a poco le sue scoperte, i concetti scovati ed elaborati da Lacan si insinuavano, fino ad apparire sotto la penna di quegli stessi personaggi che sembravano ignorarli. Un giorno, parlando di Sartre, Lacan ha esclamato: «Non so se Sartre abbia mai letto una pagina dei miei *Scritti*, io ho letto tutto di lui».

Anche senza ammettere esplicitamente la loro origine, senza citarlo, gli psicanalisti di ogni appartenenza adottavano quel che potevano cogliere delle scoperte di Lacan. Ovunque ormai si parlava di "soggetto" e "oggetto", dell'"Altro", di "desiderio" e di "domanda". Forse non ci si rende conto di quanto, grazie a lui, il discorso sulla psicanalisi sia entrato nella lingua, e sino a che punto Lacan lo abbia trasformato.

Come lo spiega?

Lo spiego con il fatto che la psicanalisi era ancora un territorio inesplorato che, grazie a Lacan e alla sua scuola, cominciava appena a diventare di dominio pubblico. La sua aura da eretico poneva Lacan in una categoria speciale e, al tempo stesso, lo isolava: il suo nome era legato allo scandalo di chi rompe con le istituzioni accreditate. Egli tentava di rivelare la particolarità di una pratica – quella della psicanalisi – che non era riservata ai soli medici e che non era neppure una cura per soli malati di mente. Cercava di aprire l'orizzonte di questa pratica attingendo ad altri campi del sapere, come la linguistica e la matematica.

Ma Lacan aveva uno stile difficile, si appoggiava a modelli concettuali poco comuni; bisognava seguirlo perché, come lui stesso diceva, voleva "rompere" il suo auditorio al proprio insegnamento. Difficilmente il seminario avrebbe potuto toccare coloro che non intendevano "seguirlo". Lacan apprezzava Hélène Cixous e Marguerite Duras, ma queste persone amiche non potevano offrirgli un pubblico.

Non fu quindi irrilevante quando un universitario come Jacques Aubert lo interpellò. Perciò, quando Aubert gli chiese d'introdurre il seminario internazionale su Joyce alla Sorbonne, Lacan accettò questo invito prestigioso, certo molto stimolante per lui, ma che gli offriva anche l'occasione di rivolgersi a un altro pubblico, diverso da quello del suo seminario e forse più capace di seguirlo.

Lei ha lavorato molto sullo scrittore James Joyce e sul seminario Il sinthomo *(1975-1976), che Lacan gli ha dedicato. Cosa stava cercando Lacan nell'opera di Joyce?*

Quando Jacques Aubert gli ha parlato di Joyce, penso che Lacan abbia subito capito che lo scrittore rientrava perfettamente nel filo del discorso intrapreso con il *seminario* RSI (1974-1975). Subito, perché Lacan ha immediatamente cambiato il titolo annunciato per il suo seminario.

Aubert gli ha dato l'occasione di occuparsi di una moltitudine di questioni che lo interrogavano già da molto tempo: il linguaggio, la follia, l'arte e la problematica del padre – questioni centrali nel suo insegnamento, che non aveva mai tralasciato e che, al contrario, erano implicate anche nella sua ricerca più recente.

La rimpatriata tra Lacan e Joyce fu una felice coincidenza, al punto da poter suggerire che l'ultimo grande testo di Lacan sia proprio quello su Joyce. Ecco la significazione che per noi ebbe l'appello di Jacques Aubert.

Lacan aveva sentito Joyce molti anni prima, nella libreria Shakespeare & Co di Sylvia Beach, ma non si era mai affacciato su tutto quello che racchiudeva l'enigma Joyce. Ne ha tratto uno straordinario studio di psicopatologia, annodato allo sviluppo che era già in corso da diversi anni con l'ausilio del nodo borromeo. Il caso di Joyce gli ha fornito un testo al cui centro stava la problematica del padre: salvare il padre, prendere su di sé questa missione, sacrificarsi – persino crocifiggersi. «Fare a meno» di questo padre: era su questo che Lacan lavorava, vale a dire, scoprire a quale condizione fosse possibile.

Lacan aveva cominciato a fabbricare nodi dopo il seminario *Ancora* (1972-1973). Si entrava nel suo studio dove era intento a fabbricarli con dei lacci di corda, a disegnarli, a ritagliarli. Aveva interpellato dei matematici per scoprire quale numero di anelli si potessero aggiungere al nodo.

Le questioni che poneva su Joyce avevano incontrato la sua esplorazione sul nodo. Il nodo offre forse una soluzione – una supplenza – alle *défaillance* individuate nella psicosi? Lacan cominciò così a porre la questione dell'uso clinico del nodo, divenuta oggi di grande attualità.

Lacan nel 1968, Lacan e il 1968...

Lacan si era comportato in modo un po' singolare durante gli eventi del 1968. C'era stato il 1968, e poi il maoismo, il maoismo della sua famiglia e di diverse persone che aveva in analisi. All'epoca, molti psicanalisti partecipavano attivamente alle riunioni, alle assemblee, indette nelle facoltà occupate, nei teatri, nei cinema, ventiquattr'ore su ventiquattro. Si vedevano regolarmente all'École de Médecine Jean Laplanche e J.B. Pontalis.

Lacan non ha mai voluto intervenire a queste assemblee. Malgrado la sua etichetta di eretico, di frondista, Lacan si teneva al di fuori di questo movimento. La sua sola visita avvenne quando fu inaugurata all'Università di Vincennes una Facoltà di Psicanalisi, sotto la direzione di Jacques-Alain Miller. Lacan vi fece una lezione e, senza alcuna concessione all'aria del tempo, in quell'atmosfera iperpoliticizzata dichiarò agli studenti: «Voi cercate un *maître*, lo troverete» e poi, per toccarli nel vivo: «La rivoluzione è il ritorno al punto di partenza».

Discorsi che non erano particolarmente simpatizzanti. Lacan cercava di preservare qualcosa al di fuori di quel grande, interminabile paiolo di discorsi e di assemblee.

Il mese di settembre fu già più tranquillo ma, molto prima che in Italia, ci fu il primo sequestro di persona. E poi ci fu anche un assassinio alla Régie Renault, a Billancourt, di un militante che distribuiva volantini. Era un'epoca in cui non si scherzava, l'anticamera degli Anni di Piombo vissuti in Italia. Lacan era al corrente di tutto, era ben informato da sua figlia, da suo genero e da molte altre persone che erano in analisi con lui.

Quando Lacan fu di nuovo cacciato, allontanato dall'École Normale, gli venne messo a disposizione un anfiteatro alla Facoltà di Diritto, che era sempre affollatissimo. Chi frequentava il suo seminario? Allievi, analizzanti, curiosi, studenti, talvolta Michel Foucault, talvolta Roman Jakobson, Alain Cuny, per citare nomi celebri; alcuni psicanalisti freudiani molto noti sono venuti per anni ad ascoltare Lacan all'École Normale. D'altronde, si lamentava di tanto in tanto della troppa gente, stava cercando il suo interlocutore; pretendeva che lo si "seguisse".

Dopo la pubblicazione degli *Scritti* e la fondazione della sua Scuola, era diventato noto come nessun psicanalista era mai stato prima. È Lacan che ha portato la psicanalisi in pubblica piazza; alcuni giornali parlavano di lui, fatto eccezionale per uno psicanalista, e così divenne un personaggio della vita culturale e sociale. Aveva fatto uscire la psicanalisi dallo studio privato. È lui che ha scritto sulla sua rivista «Scilicet»: «Tu puoi sapere». Tutto quello che era stato considerato segreto e riservato dai freudiani era messo a disposizione di tutti. Non so se ci si rende conto del cambiamento di stile. Per esempio, qui in Italia l'Associazione Freudiana, la SPI (Società Psicanalitica Italiana), si fa sentire una volta ogni due anni in occasione di un congresso, ma le sue pubblicazioni non sono lette, non sono distribuite, i suoi seminari e corsi sono rigorosamente chiusi al pubblico.

La pubblicazione degli *Scritti* ha costituito un taglio reale: chiunque poteva entrare al suo seminario. Gli allievi potevano assistere alla sua presentazione, che non era più riservata all'équipe medica, come prima. La psicanalisi era diventata una pratica che riguardava tutta la società.

Quando dopo i fatti del 1968 l'ufficio del rettore dell'ENS venne occupato dai manifestanti maoisti, il rettore domandò a Lacan di andarsene. L'occupazione rivendicava tanto questo gesto quanto la gestione, considerata antirivoluzionaria, dell'École Normale. Lacan trovò ospitalità nella Facoltà di Diritto, in place du Panthéon, dove poté continuare a tenere il suo insegnamento fino alla fine.

Lo spostamento del seminario dall'École Normale pose un certo numero di problemi. Con l'arrivo e la partecipazione degli allievi dell'École di rue d'Ulm, gli analisti, persino gli allievi più vicini, cominciarono a non sentirsi più al loro posto. Su questo sfondo avvenne la formazione del "Quatrième Groupe" costituito da François Perrier, Piera Aulagnier e Jean-Paul Valabrega. Lacan era felicissimo di avere un nuovo auditorio composto di giovani intellettuali che potevano porgli delle domande e che nelle loro pubblicazioni riprendevano i temi che lui trattava. Tutto questo provocò qualcosa d'imprevisto, qualcosa di mai sentito prima di allora; infatti Lacan disse – e scrisse – che per divenire membro della Scuola non era necessario essere analista e persino che si poteva essere nominati AE (Analyste de l'École) senza alcuna esperienza d'analisi.

Questo rinnovamento si accompagnava all'introduzione della procedura della *passe*, l'ultima "invenzione" di Lacan che mirava ad assicurare un funzionamento più analitico e meno amministrativo della sua Scuola. Alcuni analisti, tra cui quelli del futuro "Quatrième Groupe", si rivoltarono: consideravano l'insieme di questi fatti e questa invenzione come un'imposizione, un'ingerenza nella loro pratica che non intendevano assolutamente accettare.

Perché Lacan ha inventato la procedura della passe*? Cosa vi era in gioco?*

La *passe* apriva la questione del "non-analista". Ma nominare i *passeurs* ha posto dei problemi deontologici. Si raccontavano storie terribili sulla *passe*: ci furono degli incidenti, qualcuno si è persino suicidato. In seguito Lacan ha dichiarato che fu uno scacco, lo ha scritto. Nessuno era soddisfatto del funzionamento del *jury*. Charles Melman riteneva che i colleghi non fossero sulla stessa lunghezza d'onda di Lacan. Se Lacan aveva tentato d'instaurare la *passe*, era per sapere cosa poteva restare per qualcuno di un'analisi, quel che poteva marcarlo e, soprattutto, Lacan voleva interrogare la fine analisi e scoprire in che modo questa fine potesse aprire sul desiderio, il desiderio dell'analista. Era questo lo scopo.

Per alcuni il problema più grande era la nominazione dei *passeurs*. Aulagnier, Valabrega e Perrier si opposero con fermezza a questa procedura e si pronunciarono contro. Così, in segno di protesta contro quest'ultima invenzione teorica di Lacan, scelsero di lasciare Lacan e l'EFP. Perché? Avevano forse paura di riferire sulla loro pratica? Molti analisti avevano degli allievi in formazione, e io credo che Lacan volesse sapere che ne era di questi nuovi clinici della sua Scuola. In qualche modo, egli voleva sondare gli effetti del suo insegnamento e, soprattutto, verificare se qualcosa di questo insegnamento si fosse trasmesso – vista l'enorme energia che, ogni settimana nel corso degli anni, ha investito nel suo seminario.

La formazione dell'analista: un brandello di Reale…

Chiaramente, per Lacan, la formazione di uno psicanalista non era quella che veniva dispensata dai post-freudiani dell'Istituto. L'abbandono dell'Istituto e la funzione che egli riconobbe all'insegnamento ci permettono d'intuirlo; la causa fu certamente il profondo dissenso sulla questione della formazione. C'erano molti allievi all'Istituto di Parigi. Tutta la generazione dei vari Rosolato, Vidlöcher e Laplanche si era formata nel quadro dell'insegnamento di Lacan.

La pratica della psicanalisi non era libera, e l'analista era lontano dal potersi autorizzare da solo. Persino Lacan non era riuscito a imporre la sua pratica come la concepiva, visto il rispetto di orari prestabiliti e un numero prefissato di sedute a settimana – secondo quelle regole ancora oggi in vigore nelle società legate all'IPA. Con la fondazione dell'EFP, la sua Scuola, la pratica di Lacan ha potuto diventare quello che le costrizioni dell'Istituto non permettevano. Divenire analista per Lacan non era un affare da poco, misurabile in base alla quantità dei minuti prescritti per una seduta, o in base al numero d'incontri settimanali o degli anni. Di certo, Lacan teneva a trasmettere quanto lui stesso aveva accostato nell'analisi, ovvero quel che chiamava «un brandello di Reale».

L'allontanamento dall'Istituto rispondeva a un'esigenza di cambiamento o si trattava soltanto, almeno all'inizio, di prendere un tempo di riflessione?

No, penso che all'Istituto Lacan avesse davvero la sensazione di avere le ali tagliate. La rottura era inevitabile. Persino all'epoca il suo insegnamento era stato molto seguito, ma era considerato pericoloso. Allo stesso modo in cui lui aveva bisogno di prendere aria, così i suoi colleghi volevano liberarsi di lui. L'esclusione dalla Société Internationale non era cosa da nulla: i due anni di probazione della Société Française de Psychanalyse dimostrarono sino a che punto l'IPA fosse rigida e arretrata.

Cosa cambiò nella formazione? Innanzitutto, Lacan organizzò la sua Scuola su altre basi, con criteri diversi rispetto a quelli che regolano una qualsiasi società civile. Bisognava innanzitutto rispettare l'incontro con l'analisi nei punti che lui considerava i più cruciali, tra cui il transfert. Soprattutto il transfert infatti era molto criticato: si diceva che gli analizzanti di Lacan erano totalmente al suo servizio, mistificati. Lacan ha dimostrato che il transfert non consisteva nel portare un certo tipo di cravatta, come quella del proprio analista! Ha inoltre criticato la nozione di «liquidazione del transfert» come una riduzione banalizzante dell'evoluzione del transfert e della fine dell'analisi.

In un'analisi – nell'analisi *tout court*, senza distinzioni tra analisi didattica e personale – è il modo in cui si gestisce il transfert ad essere marcato. E la nuova definizione della didattica introdotta da Lacan, e stipulata nell'atto di fondazione dell'EFP, non è stata la minore delle rivoluzioni della prassi analitica inaugurate dall'EFP: «Il solo principio certo da porre, tanto più che esso è stato misconosciuto, è che la psicanalisi è costituita come didattica dal volere del soggetto, e che deve essere informato che l'analisi contesterà questo volere, nella misura stessa dell'accesso al desiderio che cela»[6].

Negli analizzanti di Lacan della mia generazione, come Jean Allouch, Érik Porge e altri, esisteva un legame estremamente forte con Lacan e con tutto quello che poteva accadere in un'analisi. Era il transfert a occupare i suoi analizzanti, non era un elemento accessorio.

Claude Landman è venuto dopo, è più giovane di me. Qui a Roma ha parlato di iniziazione, dello svelamento del fallo nei riti iniziatici[7]. Accadeva qualcosa di questo tipo nella formazione, se si vuole parlare delle "formazioni dell'analista" come di "formazioni dell'inconscio", perché è certo che Lacan aveva un'attenzione diversa per coloro che si destinavano all'analisi, per i suoi allievi. Se gli analizzanti erano pronti a seguirlo lungo le vie che lui indicava loro, era tuttavia la sua disponibilità a renderlo possibile.

Se c'era qualcuno che interveniva e che era davvero presente persino al di fuori delle sedute, non importa quando, era Lacan. Quante volte ho visitato delle mostre con lui, quante volte è venuto a trovarmi a casa di sera, mentre studiavo, quante volte sono andata a trovarlo nella sua casa di campagna, a Guitrancourt. Non era "lavoro nell'orario d'ufficio". Era una formazione che faceva parte della vita.

La cosa più saliente nell'analisi era il dispiegarsi della questione dell'amore. Lacan vi insiste molto alla fine di uno dei suoi testi in cui parla del «vero amore» – quello sviluppato dal transfert[8].

6 J. Lacan, *Acte de fondation*, in Id., *Autres écrits*, Éditions du Seuil, Paris 2001, p. 234 (edizione italiana: J. Lacan, *Altri scritti*, Einaudi, Torino 2013).

7 Il dottor Claude Landman ha tenuto una conferenza, dal titolo *La vie est-elle un voyage?*, al Centro di studi italo-francese, nell'ambito delle lezioni del Laboratorio Freudiano per la Formazione degli Psicoterapeuti, diretto a Roma dalla dottoressa Muriel Drazien. In questa conferenza Claude Landman paragona le immagini dello svelamento del fallo affrescate sui muri della Villa dei Misteri di Pompei e il lavoro di svelamento della significazione fallica che si realizza nel corso di una cura analitica.

8 «Il desiderio dell'analista non è un desiderio puro. È un desiderio di ottenere la differenza assoluta, quella che interviene quando, confrontato con il significante primordiale, il soggetto giunge per la prima volta in posizione di assoggettarvisi. Solo qui può sorgere la significazione di un amore senza limite, perché è fuori dai limiti della legge, dove soltanto può vivere». Lacan, Il seminario, Libro XI, *I quattro concetti fondamentali della psicoanalisi* (1964), cit., p. 271.

Oggi, con il cambiamento del discorso sociale, che ne è di questa concezione lacaniana dell'amore di transfert come solo vero amore e quindi della formazione proposta da Lacan? Può continuare ad essere la stessa o qualcosa deve necessariamente cambiare?

È molto difficile rispondere a questa domanda perché, se qualcuno è davvero interessato all'analisi, se davvero l'analisi costituirà la vita di questa persona, la vita praticamente a esclusione di ogni altra cosa – il che vuol dire che l'analisi incontra questo sintomo, e lo mette alla prova – allora si dà ogni libertà di superare i limiti. In altri casi, invece, l'analisi interessa sino a un certo punto, non oltre. Sono persone che prendono slancio su limiti di tempo, di disponibilità, di denaro, di famiglia, di tutto. Sono le resistenze più comuni, ma ci sono anche cose molto reali.

Si può persino aver paura di questa formazione, sì. Voler "essere analista" è un sacro problema che Lacan intendeva esplorare introducendo la *passe*. Che cosa fa sì, si domandava, che qualcuno che abbia portato a termine la propria analisi – vale a dire che sa ciò che la fine comporta per il proprio analista – decida a sua volta di raccogliere il guanto? Tra le persone che vengono per i sintomi più diversi, ve ne sono di interessate ad approfondire quel che accade loro, ma fino a un certo punto. Altri insistono, sono coloro che non accettano un punto d'arresto, che vogliono andare avanti, che domandano «ancora, ancora, ancora...». Talvolta restano in silenzio, talvolta si resta su una domanda o su un sintomo.

Dobbiamo inoltre considerare che la pratica della psicanalisi in Italia è molto condizionata dalle circostanze sociali – e sappiamo bene che l'inconscio "è" il sociale – a causa di una legge che regola la psicoterapia e che, con la sua sola esistenza, condiziona la pratica psicanalitica. Spesso, quando uno psicologo chiede un'analisi, se il suo scopo è solo quello di ottenere un diploma che lo autorizzi a esercitare la psicoterapia, egli subordina l'analisi al fatto di ottenere questo diploma. A volte è difficile intravedere esattamente dove vogliono arrivare con un'analisi. Non è senza importanza, secondo me, che non ci sia più una prassi valida nei servizi ospedalieri, il luogo per eccellenza in cui si tocca il Reale della clinica, e in cui si impara a riconoscerne gli effetti.

Qual è a suo parere la funzione della supervisione nella formazione di uno psicanalista? Quali esperienze ne ha avuto?

Françoise Dolto teneva un insegnamento all'EFP. Davanti a un pubblico sempre meravigliato per quello che lei riusciva a dire sui piccoli autori dei disegni che le venivano portati – la Dolto leggeva i disegni dei bambini, rivelando elementi biografici quasi sempre esatti, al punto da divenire inquietante. Come una vera maga, prodigava diagnosi, previsioni e consigli agli educatori. Durante le sedute di supervisione, mentre le si parlava, lei arrotolava i suoi pezzi di pongo e poi analizzava le forme che uscivano dalle sue mani!

All'epoca avevo cominciato un lavoro molto interessante e stimolante con Maud Mannoni[9], a Thiais, nella prima casa che lei aveva aperto per ricevere i bambini in difficoltà con le loro famiglie. Questo lavoro condusse alla pubblicazione del libro *L'Enfant arriéré et sa mère*. Anche la Mannoni era una donna di ferro, ma molto particolare, aveva qualcosa di originalissimo. Malgrado la sua inclinazione e il suo interesse per i lavori di David Cooper e Ronald Laing, il suo investimento nell'antipsichiatria, era rimasta molto fedele a Lacan.

Fu proprio in quest'epoca che, con Jean Allouch, ho cominciato una supervisione con Moustapha Safouan, che ho proseguito sino alla mia partenza per l'Italia. Ho quindi conosciuto Safouan in qualità di supervisore. Safouan raccontava spesso questo aneddoto: durante un con-

9 Maud Mannoni (1923-1998) psicanalista francese di origine belga, è stata una delle figure di spicco della Scuola di Lacan nel campo della psicanalisi infantile. La sua vita fu profondamente segnata dagli spostamenti a seguito del padre diplomatico, quindi, dalla mescolanza di tante lingue e culture, dalle esperienze di separazione che hanno scandito l'intero corso della sua esistenza. Dopo aver fatto studi di criminologia a Bruxelles, è arrivata a Parigi nel 1948 dove ha subito incontrato le due figure destinate a segnare gli anni futuri: la psicanalista Françoise Dolto e il futuro marito Octave Mannoni. Dapprima membro dell'SFP, nel 1964 seguirà Jacques Lacan e Françoise Dolto nella costituzione dell'École Freudienne de Paris. A caratterizzarla è l'attenzione che ha riservato alla dimensione del "gioco", di cui ha valorizzato le potenzialità creative e che situava all'orizzonte del complesso processo di simbolizzazione dell'assenza/presenza, scoperte e studiate da Freud attraverso il "gioco del rocchetto" o "Fort-da". Tra le numerose opere tradotte in italiano, ricordiamo almeno: M. Mannoni, *Il bambino ritardato e la madre*, Bollati Boringhieri, Torino 1996; M. Mannoni, *Il bambino, la "sua" malattia e gli altri*, FrancoAngeli, Milano 1973; M. Mannoni, *Un sapere che non si sa. L'esperienza analitica*, Spirali, Milano 1989.

trollo (come veniva chiamato), aveva detto a Lacan: «Il mio paziente tiene un discorso molto ricco, mi racconta sogni molto elaborati, e io, che cosa gli posso offrire in cambio?». Lacan gli rispose: «Ma suvvia, il suo silenzio!». Posso attestare che Safouan ha praticato questo silenzio, quantomeno durante la mia supervisione con lui.

Poi ci sono state le supervisioni con Lacan, momenti in cui uscivano fuori tutti i problemi che avevo nella conduzione della cura. Una supervisione con il proprio analista permette di porsi ancora nella posizione di analizzante, cosa che Lacan incoraggiava nei suoi allievi. D'altra parte "restare analizzante" era quello che Lacan diceva della propria posizione nel lavoro del seminario.

Ecco il periodo della mia permanenza a Parigi, prima della mia partenza per l'Italia.

C'è un filo rosso che le permette di congiungere la Parigi di Lacan con la Parigi di oggi?

Recentemente sono stata invitata a intervenire nel quadro dell'École Pratique des Hautes Études en Psychopathologie (EPHEP), un nuovo Istituto di Psicopatologia, sorto a Parigi su iniziativa dell'Association Lacanienne Internationale. Ho accolto questo invito molto positivamente, dal momento che la psicopatologia non è più insegnata altrove. Essa è stata in parte riassorbita dalla psicologia e in parte dalla psichiatria, ma non si tratta né di psichiatria né di psicologia. Un insegnamento, così ricco e importante da un punto di vista clinico, è dunque sparito.

La psicologia si svolge almeno in parte in laboratorio, si occupa di comunicazione, si nutre di parametri particolari. La psichiatria, a sua volta, è una branca specifica del campo medico, si occupa di prescrivere trattamenti, di distinguere tra normale e patologico, anche se esiste un'intera scuola clinica descrittiva, molto importante soprattutto in Francia, che oggi è divenuta preda della psico-farmacologia e del comportamentismo che attualmente dominano in psichiatria.

Qual è oggi lo spazio della psicopatologia? È importante saperlo, tanto più che oggi nessuno sa più veramente come definirla. Io penso che quel che noi dobbiamo fare è sviluppare il più possibile lo studio dei casi che incontriamo nel nostro lavoro istituzionale per cercare di restituire a ciascuno la propria singolarità, senza dimenticare di attingere a tutto quello che la letteratura e le arti riescono a chiarire sulle difficoltà che ciascuno incontra nell'esprimere il proprio disagio.

Le divisioni all'interno del movimento lacaniano si sono propagate in Italia come in Francia.

Quando sono arrivata in Italia, ho avuto seri problemi sin dall'inizio. Sapevo che Lacan desiderava con molta forza creare una Scuola in Italia. Amava molto questo Paese in cui qualche volta era stato invitato a parlare all'Università, in cui negli anni aveva tenuto numerose conferenze e in cui gli sembrava di riconoscere un terreno fertile per il suo insegnamento.

La mia più grande difficoltà era legata alle persone caldeggiate da Lacan per realizzare il suo progetto. Si trattava di due persone passate sul lettino di Lacan e che io non conoscevo prima. I due analizzanti designati da Lacan perché costituissero con me un'Associazione italiana, vale a dire Giacomo Contri e Armando Verdiglione, erano ciascuno a modo proprio occupati in altre cose. A torto o a ragione, ritenevo che l'analisi non fosse per loro una priorità.

Contri, il primo traduttore in italiano degli *Scritti*, si occupava attivamente di Comunione e Liberazione, un movimento cattolico integralista. Verdiglione sembrava flirtare con il Partito Socialista e con la sinistra extraparlamentare. Era qualcuno di poco limpido e i fatti che seguirono, come quelli più recenti, non smentiscono quella mia prima impressione. Ancora poco tempo fa, Verdiglione ha avuto guai con la legge per un'accusa di frode fiscale, di sottrazione di fondi che erano stati destinati a progetti culturali mai realizzati, ambito questo in cui ha sempre eccelso. Qualche anno fa era stato accusato e condannato per sottrazione del patrimonio dei pazienti che aveva in cura – "plagio" fu il termine utilizzato. Questi scandali (molto pubblicizzati dai media, sempre contenti, e c'è da chiedersi il perché, di gettare fango sugli psicanalisti, molto più che sugli astrologi) hanno arrecato un forte pregiudizio verso il movimento lacaniano in Italia.

Possiamo dire che, da allora in poi, gli sforzi che abbiamo fatto per far conoscere l'insegnamento di Lacan al pubblico italiano hanno risentito molto seriamente del contraccolpo delle malefatte di Verdiglione. Benché, anche di recente, Verdiglione abbia rinnegato la sua appartenenza al movimento lacaniano, il suo nome vi è rimasto attaccato saldamente.

All'epoca del *Tripode* (il testo che Lacan ha scritto in onore di noi tre), Contri e Verdiglione avevano ciascuno il proprio gruppo di militanti, agli antipodi tra loro e, inoltre, pieni di animosità: Semiotica e Psicanalisi di Verdiglione, la Scuola Freudiana di Contri. Benché conoscesse lo scopo di ciascuno di loro, certamente, Lacan era convinto che l'analisi avrebbe appianato le inclinazioni centrifughe. Si era, potremmo dire a posteriori (fr. *après-coup*), come gli anelli di corda, Reale Simbolico Immaginario, a ciascuno uno dei nomi del padre, ma il nodo non ha mai tenuto.

Lacan indirizzò a Contri un testo difficile (chiamato poi *Nota italiana*) contenente i princìpi teorici del funzionamento di un'associazione che avrebbe dovuto chiamarsi "La Cosa Freudiana". Per accedervi, si sarebbe dovuto seguire la procedura della *passe* («assumendosi il rischio che non ve ne sia...», aveva scritto Lacan). Ciascuno di noi avrebbe funzionato da *passeur*. L'applicazione della *passe* poneva problemi tali – problemi, come abbiamo visto, già riscontrati quando Lacan l'aveva introdotta a Parigi – che nessuno di noi tre sembrava in grado di affrontare.

Dinanzi a tali difficoltà e alla scarsa coesione dei componenti del *Tripode*, e vista quindi l'impossibilità di costituire questa Associazione secondo le indicazioni fornite da Lacan, ho comunque preferito fondare la prima Associazione La Cosa Freudiana, a Roma nel 1981 (quindi, dopo la dissoluzione della Scuola di Lacan, l'EFP) con Antonello Sciacchitano e Marisa Fiumanò – i miei due primi allievi in Italia, molto diversi l'uno dall'altra, ma due persone d'eccezione, davvero agganciate all'analisi tanto che poi ciascuno ha continuato, secondo la propria maniera.

La Cosa Freudiana è stata presentata da noi tre a Milano davanti a un pubblico abbastanza numeroso, nello stesso momento in cui Jacques-Alain Miller presentava la sua Scuola Freudiana. Allora Giacomo Contri mi mise in guardia contro non so quale progetto sgradito a Miller. Noi abbiamo pagato lo scotto di aver voluto mantenere la nostra indipendenza, e anche Contri quando Miller lo ha eliminato dai suoi progetti editoriali.

Come ha appena ricordato, lei è stata tra i destinatari della Nota italiana, *il testo in cui Lacan stabilisce le linee guida per fondare l'Associazione italiana e per formare i suoi analisti. In particolare vi scrive: «Il gruppo italiano, se vuole ascoltarmi, si atterrà a nominare secondo il principio della* passe *coloro che chiederanno di entrare, correndo il rischio che non ve ne siano», perché «autorizzarsi non è auto-ri(tuali)zzarsi. Dato che ho posto, d'altro canto, che è dal non-tutto che procede l'analista. Non-ogni essere che parla avrebbe di che autorizzarsi a fare un analista. A prova del fatto che l'analisi vi è necessaria, sebbene non sufficiente. Solo l'analista, non chiunque quindi, si autorizza da sé». Quindi, passando a definire la posta in gioco di un percorso analitico: «L'analista instaura un altro sapere, in un altro posto, che deve però tener conto del sapere nel Reale» e, ancora, un analista «deve avere isolato la causa del suo orrore, del suo proprio, staccato da quello di tutti, orrore di sapere». E infine: «Tutto deve ruotare attorno agli scritti che verranno ad essere». Sono frasi che toccano la questione del desiderio dell'analista e della* passe. *Vuole dirci qualcosa della sua esperienza in Italia e di questa* Nota italiana*?*

La sua data d'emissione è la fine dell'aprile 1974; il luogo è lo studio di Giacomo Contri, a Milano. Fummo convocati anche Armando Verdiglione e io. Quel giorno, questi tre destinatari – o supposti tali – hanno preso conoscenza dello scritto di Lacan conosciuto in seguito con il nome di *Tripode*, e più tardi di *Nota italiana* (Miller, 1994) – *Tripode* era un termine estratto dal testo, uno sgabello a tre piedi.

Per alcuni si tratta di una lettera. Era un testo non firmato, senza titolo, indirizzato non si sa bene a chi, visto che i destinatari non venivano nominati nel testo, e neppure in un messaggio aggiunto a esso, né tanto meno in una busta che ne testimoniasse l'invio – busta d'altronde mai pervenuta in seguito. Questo testo non firmato, e senza alcuna menzione ai nomi dei destinatari, era stato portato dal suo stesso autore nello studio di Contri – Verdiglione e io fummo avvertiti da Contri e pregati di unirci a lui per farne una lettura comune.

Il testo era stato sollecitato per rispondere alla situazione in cui si trovavano i tre allievi di Lacan, le cui storie erano molto diverse, ciascuno dei quali lavorava alla sua maniera, indipendentemente, sotto il vessillo lacaniano. Avevano discusso con Lacan e acconsentito alla sua idea di riunire il loro lavoro tramite una qualche forma associativa. La prospettiva prevista e sviluppata nel testo esigeva che i tre fondassero un'Associazione di psicanalisti che seguisse i "consigli" o le direttive dell'autore, esposti in questo testo, e di farlo assieme ai membri dei rispettivi gruppi, alcuni dei quali erano già costituiti. Il testo proponeva la costituzione di un'Associazione nuova, che doveva basarsi su un'esperienza nuova: la *passe*. La *passe* sarebbe stata la modalità d'ingresso dei membri, la chiave della costituzione di un gruppo analitico.

La situazione della psicanalisi in Italia dell'epoca era nota solo in parte a Lacan, che coglieva un interesse pubblico per quel che lui proponeva. Era un'epoca di grandi dibattiti culturali in Italia, come d'altronde in Francia – dibattiti animati da *maîtres à penser* come Foucault, Derrida e, in una certa misura, da Deleuze e Guattari che hanno giocato un ruolo non trascurabile all'interno del movimento di Psichiatria Democratica ispirata da Ronald Lang e David Cooper. L'*Anti-Edipo* di Deleuze e Guattari faceva da modello per attaccare con efficacia la psichiatria e, in effetti, ha inaugurato il "canto del cigno" della psichiatria tradizionale in Italia.

In questo vortice, Lacan era erroneamente percepito come un contestatore – per ragioni che non sto qui a elencare – come colui che contestava il potere, soprattutto universitario, ma anche politico e culturale, qualcuno che poteva dare risposte alla contestazione generale che cominciava a girare a vuoto. Lacan conosceva bene le correnti che legavano cultura e politica, ma credeva, duro come il ferro, che la psicanalisi potesse superare le posizioni ideali dell'estrema sinistra, come quelle del fondamentalismo cattolico. Non era una scommessa da poco.

Conoscevo Contri da poco, come traduttore italiano degli *Scritti*. A Parigi avevo incontrato ancora una o due volte Verdiglione, su indicazione di Lacan. Lacan mi aveva chiesto di leggere un testo di Verdiglione e poi un testo di Sergio Finzi, che all'epoca non conoscevo (credo che Lacan leggesse l'italiano con difficoltà). Giudicai il primo illeggibile, il secondo assolutamente chiaro, e glielo dissi.

Lacan conosceva dunque Finzi, e forse anche sua moglie. Perché non aveva incluso anche loro nei suoi progetti italiani? Lacan aveva scelto soltanto coloro che considerava suoi allievi? Cioè che provenivano dal suo lettino? Aveva forse individuato nei tre prescelti una qualche particolarità che gli faceva pensare che ci sarebbe stata una coesione?

Visto l'interesse che aveva all'epoca per il nodo borromeo, per l'Uno – come si esprimeva allora *Y a d'l'un*, il nodo a tre anelli di cui parlava a Parigi in quello stesso periodo nel quadro del suo seminario *...ou pire* (1971) – Lacan era preoccupato di costruire un nodo che tenesse. Questa preoccupazione ha raggiunto la sua apoteosi in *Il sinthomo* (1975-1976), dove parla della struttura del soggetto definita dai tre anelli, i tre registri RSI.

Dobbiamo però considerare la preistoria degli amori di Lacan per l'Italia, e qualche intersezione con quel che accadeva nello stesso momento a Parigi.

- Nel 1953 Lacan ha pronunciato a Roma il suo famoso *Funzione e campo della parola e del linguaggio in psicoanalisi*, il primo Discorso di Roma – Lacan ne conterà "tre". Lo ripeto perché ci si ricordi bene il "tre" che ha un'importanza di cui ci renderemo conto andando avanti.
- Nel 1964 Lacan fonda l'EFP (la sua Scuola, l'École Freudienne de Paris).
- Nel 1966 vengono pubblicati gli *Scritti*.
- Nel 1967, tra il 14 e il 18 dicembre, Lacan tiene una serie di conferenze a Napoli, Roma e Milano. A Napoli: *La Méprise du sujet supposé savoir*; a Roma: *De Rome 53 à Rome 67: la psychanalyse. Raison d'un échec* – è quello che Lacan considera il secondo Discorso di Roma; a Milano: *De la psychanalyse dans ses rapports avec la réalité*. Si tratta dunque di una trilogia. Si noti che il "tre" insiste quando si tratta dell'Italia: il *Tripode*, *La Terza* (conferenza tenuta a Roma nel 1974) e infine il *Nodo borromeo* che ha a che fare ovviamente con l'Italia, con la sua origine.
- Nel frattempo, a Parigi Lacan presenta la *Proposition du 9 octobre sur le psychanalyste de l'École*, con cui inventa la procedura della *passe*, presentata ai membri AE e AME della Scuola durante due riunioni al Sainte-Anne. E nel 1969, all'Hotel Lutetia, durante una riunione dell'EFP, viene votata la *Proposition* che istituisce nell'EFP il funzionamento effettivo della procedura della *passe*.
- Il 6 e 7 novembre di questo stesso anno Lacan fa due conferenze: a Torino *Incompréhensible à quelqu'un de normalement constitué* e a Firenze *Conférence mondaine du Dr Lacan*.
- Il 1972 ha visto una prima traduzione degli *Scritti*, completata nel 1974 da Giacomo Contri. Nel maggio 1972 Lacan è invitato a Milano da Contri e pronuncia *Du discours psychanalytique*.

- L'anno successivo, il 1973, Lacan è invitato a Milano prima da Contri, poi da Verdiglione, per parlare nell'ambito dei loro gruppi – Scuola Freudiana di Contri e Semiologia e Psicoanalisi di Verdiglione, ognuno dei quali ha un marcato orientamento politico.
- Nello stesso anno, invito Lacan a Roma, alla Neuro (Clinica Universitaria delle malattie mentali e nervose). Appena arrivata a Roma, avevo infatti trovato un posto presso il professor Fazio alla Neuro, nella clinica del professor Tedeschi. Lacan pronuncia la conferenza *La logique et l'amour*, di cui Catherine Millot ha scritto un resoconto[10]. Lacan vi parla del rapporto sessuale in quanto impossibile ma che, proprio a causa della sua impossibilità o di quel che ne deriva, non cessa di non scriversi. A queste conferenze, segue la costituzione di nuovi gruppi a Milano, Torino, Padova, Roma.
- Sempre nel 1973 ha luogo il Congresso dell'EFP di Montpellier, dove Lacan insiste sull'esperienza della *passe*. Da notare che i primi AE (Analystes de l'École) erano stati nominati da Lacan – molto prima di istituire la *passe* – e sempre Lacan ha nominato alcuni AME (Analystes Membres de l'École) agli esordi dell'EFP (non è un dettaglio irrilevante per comprendere la confusione che abbiamo provato in seguito). In *Lacan in Italia*, Contri dichiara: «Spinto da motivi che non saranno qui né descritti né analizzati, J. Lacan propone con forza a quelli che considera suoi diretti allievi G.B. Contri (Milano), M. Drazien (Roma), A. Verdiglione (Milano) di costituire, di contro alla frammentazione dei "gruppi", un luogo unitario, in forma di Associazione legalmente costituita, di cui egli stesso suggerisce il nome di "La Cosa Freudiana"»[11].
- Nel 1974 Lacan si trova a Roma per il VII Congresso dell'École Freudienne de Paris (l'Associazione che, come ho più volte detto, Lacan aveva fondato nel 1964, in seguito alla sua esclusione dall'IPA). Per Lacan si tratta di un "ritorno", come dichiara il neologismo *disqueourdrome* che utilizza nel suo intervento al Congresso – gioco di parole

10 C. Millot, *La logique et l'amour*, in «Quaderni lacaniani», n. 3. 1974. *Lacan 100 anni. Mosè e il Nome-del-Padre*, edizioni del Laboratorio Freudiano di Roma, 2005, pp. 59-62. Il testo è stato pubblicato in lingua francese all'interno del volume: C. Millot, *La logique et l'amour, et autres textes*, Editions Nouvelles Cécile Defaut, Paris 2015.

11 *Milano, 1 aprile. Una iniziativa di Lacan: «La cosa freudiana»*, in G.B. Contri (a cura di), *Lacan in Italia* (1953-1978), La Salamandra, Milano 1978, p. 147.

che suona come: "Discorso di Roma" (nelle due c'è lo stesso sapere, ma non lo stesso senso, come Lacan spiega nel seminario *Les non-dupes errent*), titolo con cui è conosciuta la sua conferenza del 1953, *Funzione e campo della parola e del linguaggio in psicoanalisi*, il vero manifesto del suo celebre "ritorno a Freud". Si trattava del ritorno a quel Freud che non veniva più studiato da quegli psicanalisti del movimento internazionale che lo aveva espulso, o "ex-comunicato", secondo l'espressione che egli aveva adottato. Questo intervento era divenuto simbolo del sommovimento radicale che Lacan intendeva operare. Ci saranno in verità tre discorsi di Roma: quello del 1953, quello del 1967 e infine quello del 1974. Nel primo, in seguito alla scissione molto dolorosa della Société de Paris, Lacan formula la celebre definizione: «L'inconscio è strutturato come un linguaggio», il cardine attorno a cui evolverà tutto il suo insegnamento.

- Nell'aprile del 1974, nel seminario *Les non-dupes errent* Lacan parla di "gruppo", dell'"autorizzarsi da solo" dell'analista, dell'invenzione del sapere, del sapere nel Reale e dell'orrore di sapere. Egli invia il testo sul *Tripode* a Contri, che gli chiede di accettare "la paternità" dell'iniziativa.
- Il primo giugno dello stesso anno Lacan torna a Milano. Ha luogo una nuova riunione con la Scuola Freudiana di Contri e con Semiotica e Psicanalisi di Verdiglione. Erano presenti anche Sergio Finzi e alcuni membri del suo gruppo editoriale, «Il Piccolo Hans» (una rivista fortemente connotata politicamente, ma questa volta nel Pci). Finzi non prenderà più parte a iniziative e riunioni, informandomi delle sue riserve e obiezioni riguardo le scelte politiche di Contri e di Verdiglione. Non aveva mai avuto intenzione di "compromettersi", nonostante fosse implicato il desiderio di Lacan. Avevano partecipato anche alcuni romani: Jacques Nobécourt e io stessa, dopo aver adottato il nominativo Cosa Freudiana che anticipava l'Associazione a venire.

Se a una prima lettura del testo, noi, i tre membri del *Tripode*, eravamo sprofondati nello sgomento, da parte del suo autore non sembrava giungere nulla che ci aiutasse a mettere in pratica un dispositivo che, persino a Parigi, aveva incontrato tante difficoltà ad avviarsi (tenuto conto anche della feroce opposizione manifestata da un certo numero di provetti analisti dell'EFP).

Avevamo "l'umore nero" dopo la lettura e la rilettura del testo di Lacan. Discutevamo in che modo l'avremmo messo in pratica. Si moltiplicavano domande di chiarimento, ma non ottenevamo alcuna indicazione pratica. Eravamo degli AE (tali da poter nominare dei *passeurs*, stando alla procedura adottata su a Parigi)? Eravamo dei *passeurs*? E, in tal caso, a quale esperienza di *passe* potevamo riferirci? Eravamo nella *passe*? Come costituire un *jury* senza far appello ai francesi? E soprattutto, chi sarebbero stati i *passants*? Come distribuirli fra i tre del *Tripode* senza creare sbilanciamenti di potere tra i gruppi diciamo "rivali"?

Senza un'esperienza di lavoro in comune, non avevamo alcuna ragione di fidarci l'uno dell'altro. Già l'EFP era dilaniata dagli analisti praticanti e dai neo "non-analisti" dell'ENS, che conquistavano sempre più importanza. Era un'epoca molto politicizzata, lo ricordo per chi lo avesse dimenticato. Era anche l'inizio degli Anni di Piombo in Italia, le Brigate Rosse e la grande entrata in scena di Comunione e Liberazione (il gruppo di Contri). C'era un vivo fermento intellettuale, molti dibattiti e alcuni *maîtres à penser* dominavano la scena culturale. Non ero molto pronta al confronto tra queste correnti politiche e la psicanalisi. In Francia psicanalisi e politica erano certamente legate, ma mai i loro linguaggi mescolavano le carte.

Avevo appena cominciato a esercitare a Roma, mentre i milanesi avevano dei gruppi di fedeli, persone legate tra loro dalla militanza politica. I loro discorsi erano infarciti di caratteristiche che mi era difficile comprendere e situare nella mia esperienza analitica. Semplicemente, non erano discorsi che potevo riconoscere e collegare alla mia esperienza psicanalitica. I milanesi si detestavano tra loro e mi guardavano certamente come un'importazione – importuna – ma lontana (ero a Roma) e, in fondo, non troppo pericolosa. Questo per quanto riguarda la coesione e la consistenza del nodo che Lacan voleva mettere alla prova.

Il tre comporta del Reale implicato dal nodo borromeo, perché occorrono almeno tre anelli per costituire "un" nodo borromeo. Nel seminario *Les non-dupes errent* (1973-1974) possiamo leggere: «Che siano tre: è questo che è il Reale»[12] e ancora: «Tutto ciò che hanno di Reale, è che ciò faccia tre [...] voi non siete che i pazienti di questa triplicità»[13].

12 J. Lacan, Il seminario, Libro XXI, *Les non-dupes errent* (1973-1974), pubblicazione fuori commercio. Documento interno all'Associazione Freudiana Internazionale, Torino, lezione del 15 gennaio 1974, p. 88.

13 Ivi, p. 93.

Ad ogni modo, nel 1974 il testo sul *Tripode* sembra già caduco. Non si parla più della *passe* o della sua procedura, si parlava ormai di statuti. Lacan voleva che si costituisse un'«Associazione secondo la legge italiana». Non smetteva di ripeterlo. Stava a noi far entrare la *passe* – secondo la legge – con la suddetta Associazione. Ma al punto in cui si era, un'associazione sarebbe stata appena accettabile.

All'inizio di dicembre Lacan approvò una sorta di protocollo di principio, il *Tripode* più una persona (Giuseppe Musotto) imposta da me. Era una supplenza, una soluzione trovata come anticipazione di Joyce e del *Sinthomo*. Senza menzionare la *passe*, fu firmato un protocollo di funzionamento associativo.

Érik Porge ha notato che se il protocollo d'intesa non comportava un riferimento alla *passe*, l'abbozzo di una procedura era stato presentato in un testo esterno a tale protocollo, a Parigi, come già accaduto con la *Proposta del 9 ottobre 1967*, il cui testo dovette attendere il 1969 per essere votato a Parigi.

Tripode, *passe* e fine analisi sono legati indissolubilmente. Ricordiamo la protesta sollevata quando la *passe* è stata introdotta e presentata da Lacan nel 1967, nella *Proposition du 9 octobre sur les psychanalystes de l'École*: Aulagnier, Perrier, Valabrega – per citare solo qualcuno – dopo qualche tempo non troppo lungo di discussioni e urla, hanno lasciato l'EFP per formare quel che avrebbero poi chiamato il "Quatrième Groupe" (SPP, AF, EFP ecc.).

Perché questa resistenza ostinata all'ultima eresia del loro maestro? C'erano dei problemi a nominare i *passeurs*, dicevano alcuni. Altri difendevano il carattere indicibile dell'esperienza analitica, e perfino il pericolo che poteva incombere su coloro che osavano "sollevare il velo" sulla loro prassi specifica. In seguito, quando venne istituita la *passe* e il *jury*, alcuni eventi realmente provocati dai *passeurs* e dai *passants* in Francia sembravano dar ragione a questi timori. Non entrerò nella discussione di questi incidenti problematici.

Vorrei sottolineare quanto il percorso associativo in Italia sia stato caotico a seguito della proposta di Lacan (io non la chiamo "una lettera" come fa Érik Porge, perché una lettera porta i nomi dei destinatari, una busta indirizzata l'attesta), ma non necessariamente a causa di essa. La proliferazione di gruppi ha preceduto la dissoluzione dell'EFP, come abbiamo già potuto osservare.

La rottura dei membri del *Tripode* data al 1974, poiché dopo il Congresso di Roma non c'è più stata la minima parvenza di sforzo dei tre per creare insieme un'associazione. A un certo punto Lacan si è cavato d'impaccio. Si è occupato di altro. Ci sono voluti molti sforzi nel corso degli anni per riunire degli analisti italiani che lavoravano talvolta soli, talvolta all'interno di piccoli gruppi riuniti intorno a un capo che si vantava di esser stato analizzato da Lacan stesso, o anche da uno dei più vicini del *maître*.

Lacan in Italia, una specie di Congresso, si è tenuto a Roma nel 1991, nella speranza di "riunire" ancora una volta i clinici italiani che non erano raccolti sotto il vessillo milleriano, e alcuni francesi interessati a quanto accadeva in Italia. Questo avveniva dieci anni dopo la dissoluzione dell'EFP, la morte di Lacan e l'insediamento in terra italiana del suo erede universale. Darei l'etichetta di "corporativista" a questa riunione eteroclita che non ha mai conosciuto un domani. *Last but not least*, a complicare il quadro psicanalitico c'era la legislazione italiana sulla psicoterapia. Ma questo ci porterebbe troppo lontani dal nostro tema.

Per tornare alla proposta di Lacan che, certamente, non aveva mire imperialistiche, ma neppure esclusivamente scientifiche (per dirla velocemente), ma che puntava a una modalità associativa – una consistenza – che avrebbe aiutato gli uni e gli altri a praticare con più sedute e maggiore dignità, non si può dire che la disseminazione degli allievi e le loro dispute pubbliche, lo scandalo Verdiglione, abbiano aiutato nel senso che ci si sarebbe augurati.

A distanza di molti anni, alcune mie domande rimangono le stesse: Lacan suggeriva di costituire un'Associazione a cui accedere secondo il principio della *passe*. La nominazione all'ingresso della Cosa Freudiana sarebbe dunque stata quella di AE.

Gli AE sarebbero stati i soli membri di questa scuola?

Poteva essere che la nominazione consistesse nella sola qualità di membro?

Quale ruolo sarebbe stato riservato al *Tripode*?

Era quello di *passeurs*, con la funzione di ascoltare dei *passants* e quella di far passare questi gruppi verso una nuova istituzione formata da coloro in cui la *passe* sarebbe stata manifesta. Un'associazione psicanalitica nuova, quale non era mai esistita sino ad allora.

Il riferimento era al “gruppo italiano”, ma a quale gruppo?

Perché il *Tripode*, se non a causa del nodo borromeo?

Le tre persone designate dal *Tripode* incarnerebbero ciascuna una consistenza del nodo borromeo?

La loro Associazione in un’impresa comune dipenderebbe dal Reale dell’annodamento borromeo?

Lacan ha voluto correre il “rischio” – dalla qual cosa possiamo dedurre una traccia di delusione per lo svolgimento della *passe* all’EFP. Il “rischio” era che non ci fosse *passe* in coloro che ne facevano richiesta. In effetti, l’*après-coup* della proposta di Lacan ha dimostrato che in Italia la *passe* non ha funzionato. Forse per gli uni era troppo presto, per gli altri troppo tardi. Per la *passe*, per la psicanalisi, come Lacan la intendeva, mi chiedo chi avrebbe fatto domanda di “passare” in tali condizioni, e di darsi la pena di rischiare.

Attualmente conosco solo tre o quattro persone che all’epoca erano membri di diversi gruppi milanesi e che poi hanno esercitato come psicanalisti. Ho ascoltato – ma al di fuori del dispositivo del *Tripode* – una sola persona, analizzante di uno dei miei allievi, che per un certo periodo aveva fatto lo sforzo di attraversare la penisola per venirmi a parlare della sua analisi – certamente era stato ispirato da un desiderio che la sua analisi o il suo analista gli aveva trasmesso. Perché la posta in gioco della *passe* è proprio questa. Parlare della propria analisi, del desiderio inaudito, incomprensibile che può venire all’analizzante di diventare lui stesso analista – sapendo quel che il suo analista è divenuto per lui.

Quando Lacan ha cominciato a parlare della *passe*? Nel 1967, all’epoca del seminario *L’atto psicanalitico*: «Cominciare ad essere psicanalista, comincia alla fine di una psicanalisi». C’è quindi continuità tra la fine e l’inizio. La chiave risiede nella fine o nell’inizio?

La struttura è immutabile o si modella?

Arrivati alla fine, vi è un sapere sulla struttura da cui deriva il desiderio o si costruisce il sintomo?

Non sarà forse questo il sapere dello psicanalista che il *passeur* potrebbe intendere?

O sarà piuttosto il sapere sulla castrazione, in funzione del desiderio su cui l’analisi finisce?

Il sapere sarà costituito dalla “faccia del Reale” che marca la catena significante – vale a dire, che “buca” il Simbolico?

Non possiamo far altro che osservare, e meravigliarci, dell'importanza che Lacan imputa alla fine dell'analisi. Lacan pone al principio di ogni analisi la fine dell'analisi personale dell'analista. Desiderio-mancanza-castrazione. L'analista è lasciato con un desiderio la cui essenza è la mancanza, e che si traduce in castrazione.

Si ha l'impressione che il *Tripode* (sul quale il discorso psicanalitico in Italia doveva sostenersi) fosse la scommessa di Lacan; suggerita dalla necessità di sperimentare non solo la *passe*, ma anche la consistenza del nodo a tre.

Perché è proprio alla fine di un'analisi che l'analizzante si decide a "raccogliere il guanto"? È del tutto concepibile che l'analizzante "si autorizzi" molto prima di giungere alla fine. Tuttavia, possiamo accettare che a interessare Lacan sia stato il momento preciso della fine, la fine di un certo "giro", perché lo ritiene il punto più sublime dell'esperienza analitica.

È stato proprio questo quasi-paradosso a rendere il *Tripode* così impotente nel rispondere alle "direttive", o consigli e aspettative di Lacan. Preconizzava, insomma, quello che ad alcuni è parso un ritorno indietro, se il momento descritto della *passe* era per essi davvero passato, ammesso che fosse mai esistito. E dimenticato.

Autorizzarsi, essere autori di sé, non è auto-ri(tuali)zzarsi.

La caduta dell'analista (del soggetto-supposto-sapere) come oggetto a, eviterebbe forse d'identificarsi a lui? La caduta da intendersi come perdita del riparo, della protezione paterna (e poi, forse, della fine della lotta fraterna dei figli del padre dell'orda).

Si trattava infine di dare uno statuto a questo momento dell'atto analitico. Si trattava di aprire alcuni punti della pratica che erano «intoccabili»[14].

Wo Es war, soll Ich werden: «Si chiude così la via immaginaria per cui nell'analisi io debbo accadere là dove c'era l'inconscio»[15].

«Fa sgorgare il paradosso di un imperativo che mi urge ad assumere la mia propria causalità»[16].

14 «Scilicet», n. 1, 1968, pp. 3-13.

15 J. Lacan, *Sovversione del soggetto e dialettica del desiderio nell'inconscio freudiano*, in Id., *Scritti*, Vol. II, A. Di Ciaccia (a cura di), Einaudi, Torino 2002, p. 819.

16 Lacan, *La scienza e la verità*, in Id., *Scritti*, Vol. II, cit., p. 869.

La questione di fondo è ancora attuale, e non soltanto per l'Italia: per chi si presenta come analista si tratta del legame sociale, vale a dire ciò che riguarda la sua pratica e i suoi rapporti con la comunità psicanalitica. Si tratta di riconoscersi tra gli altri, riconoscersi in un sapere, perché un analista non può praticare da solo. Si tratta di sapere quello che solo un'analisi portata alle sue estreme conseguenze può liberare. Come sostenersi nella propria pratica, altrimenti? Grazie a che cosa? Una *performance*, direbbe Lacan.

«L'analisi non consiste nel liberarsi dei propri *sinthomes*, l'analisi consiste nel sapere perché si è invischiati. Certo che dipende dal fatto che c'è il Simbolico, il linguaggio. S'impara a parlare e questo lascia delle tracce»[17].

17 J. Lacan, Il seminario, Libro XXV, *Le moment de conclure* (1977-1978), pubblicazione fuori commercio, edizioni dell'Association Lacanienne Internationale, seduta del primo gennaio 1978, p. 34.

Bibliografia

Le tracce di una vita

di Cristiana Fanelli

«Tout doit tourner autour des écrits à paraître» scriveva Jacques Lacan in quella *lettera*[1] indirizzata tra gli altri a Muriel Drazien. Il tragitto della lettera è inconscio. Imponderabile ma riconoscibile, segue piste originali e trama un tessuto, in questo caso, ordito dalla parola "clinica".

Al passaggio di Muriel Drazien dagli Stati Uniti alla Francia farà eco, sulla soglia degli anni Settanta, quello dalla Francia all'Italia. Sono transiti pieni di conseguenze, sono incontri con nuove lingue. I primi sono anni fondativi, pioneristici: sono gli anni degli inizi in cui la psicanalista, arrivata da poco in Italia, è impegnata a costruire il gruppo italiano e La Cosa Freudiana. Sono gli anni di *Lacan in Italia*, dei continui viaggi dello psicanalista a Roma, Milano, Napoli – itinerario raccolto nel bel volume edito dalla Salamandra nel 1978. Ogni inizio – ci ricorda Lacan parlando dell'amore di transfert – è denso e confuso, ma pieno di vita.

I primi scritti datano agli anni Ottanta: anni di scritti *erratici*, frammenti di un esilio – se è vero, come Muriel Drazien amava ripetere, che chi parla è in esilio nel linguaggio. Questi scritti respirano ancora della Parigi anni Sessanta e Settanta, la città di Foucault e Derrida, Deleuze e Barthes, di Lacan e dei grandi movimenti politici. Dopo Strasburgo, è lì che Muriel Drazien ha fatto il suo apprendistato, dividendosi tra i seminari di Lacan e la pratica ospedaliera. Prende parte alle *presentazioni dei malati*, un esercizio, meglio una *prassi* di clinica psicoanalitica-

1 J. Lacan, *Nota italiana*, in Id., *Altri scritti*, Einaudi, Torino 2013, pp. 303-307.

psichiatrica inscritta da lungo tempo nella tradizione francese (non italiana). Se Charcot e Freud ci hanno portato dentro le mura della Salpêtrière, il nome di Lacan è legato a quelle del Sainte-Anne. A questo passaggio di luoghi se ne accompagna un altro: la presentazione fatta da Charcot aveva un elemento "teatrale", rispondeva a un approccio scopico del fatto clinico – di cui narra il bellissimo libro di G. Didi-Huberman *L'invenzione dell'isteria. Charcot e l'iconografia fotografica della Salpêtrière*. Prima con Freud e poi, più radicalmente, con Lacan, la clinica dello sguardo fa posto a quella dell'ascolto: con Lacan la clinica attinge le sue risorse nel "dire" del paziente.

Questo tipo di formazione, improntato sulla clinica e sulla parola orale, lascia una traccia profonda in Muriel Drazien: la scrittura è confinata nei *marginalia*, relegata nel frammento, nell'appunto clinico, localizzata nei suoi quaderni. Scritti erratici, tracce che compongono la cartografia di una vita e inaugurano uno stile:

Tout un chacun?, in «Bollettino di psicanalisi Cosa Freudiana», n. 2, 1982, pp. 1-5.

Introduzione alla Giornata di Studio "Lacan in Italia", in «Bollettino di psicanalisi Cosa Freudiana», 1994, 6-7, pp. 3-5.

Père version o la versione del padre, in *Lo scacco del padre*, «Bollettino di psicanalisi Cosa Freudiana. Atti e scritti», n. 8-9, ottobre 1995, pp. 9-13.

Dal corpo al corpo, in *Dal Corpo al Corpo*, «Bollettino di psicanalisi Cosa Freudiana. Atti e scritti», n. 10-11, maggio 1996, pp. 7-10.

In rotta per un altro linguaggio, in *Antologia della depressione. La psicanalisi, quale fine?*, «Bollettino di psicanalisi Cosa Freudiana. Atti e scritti», n. 12-13, dicembre 1997, pp. 43-47.

La via del Prozac, in *Antologia della depressione. La psicanalisi, quale fine?*, «Bollettino di psicanalisi Cosa Freudiana. Atti e scritti», cit., pp. 27-30.

Fine1, Fine2, Fine3, in *Antologia della depressione. La psicanalisi, quale fine?*, «Bollettino di psicanalisi Cosa Freudiana. Atti e scritti», cit., pp. 53-55.

L'Altro di cui si tratta, in *L'Altro e la psicosi* (edizione bilingue), Roma, Atti, 1999, pp. 69-74.

Transessuale RSI, in RSI, «Bollettino di psicanalisi Cosa Freudiana. Atti e scritti», n. 14-15, ottobre 1999, pp. 9-18.

Il vero bambino, in RSI, «Bollettino di psicanalisi Cosa Freudiana. Atti e scritti», cit., pp. 31-34.

L'immacolata fecondazione, in RSI, «Bollettino di psicanalisi Cosa Freudiana. Atti e scritti», cit., pp. 101-106.

Gide Genet Mishima, in RSI, «Bollettino di psicanalisi Cosa Freudiana. Atti e scritti», cit., pp. 109-112.

I Nomi-del-Padre, in RSI, «Bollettino di psicanalisi Cosa Freudiana. Atti e scritti», cit., pp. 117-118.

Linguaggio del desiderio e interpretazione, in AA.VV., *Interpretazione e desiderio di interpretazione.* Atti del convegno internazionale di studi, 21-22 settembre 2000, Università La Sapienza, Roma 2001, pp. 27-33.

Il ritorno, in *Psicanalisi e Cultura oggi* (edizione bilingue), Mazara del Vallo, Atti 2001, pp. 39-45.

Le sorprese della clinica, in «Che cosa chiamiamo autismo? Le sorprese della clinica. Quaderni lacaniani», n. 2, 2004, pp. 54-55.

Il complesso di Mosé, in «Lacan 100 anni. Mosé e il Nome-del-Padre. Quaderni lacaniani», n. 3, 2005, pp. 12-17.

Alla ricerca dell'Uno impossibile, in «Reset», n. 96, luglio-agosto 2006, p. 91.

L'incontro mancato, in «La lettera italiana», bollettino dell'Associazione Lacaniana Internazionale in Italia, n. 2, 2006, p. 34.

La funzione del fantasma, in *La relazione d'oggetto madre-figlia*, Milano, Atti 2006, pp. 19-23.

I bambini parlano, in «Quaderni lacaniani», n. 6, 2006.

Luci e ombre. Tra cinema e psicanalisi, C. Fanelli (a cura di), Roma 2007.

Nora calzava a Jim come un guanto. Escursione intorno al desiderio maschile e femminile, in M. Fiumanò (a cura di), *Desiderio di uomo e desiderio di donna*, Carocci, Roma 2007, (pubblicato in francese sul sito dell'Association Lacanienne Internationale, www.freud-lacan.com il 28 maggio del 2018).

Lo smemorato di Collegno, in «La lettera italiana», bollettino dell'Associazione Lacaniana Internazionale in Italia, n. 4, 2007, pp. 12-13 (pubblicato in francese su «La Revue Lacanienne», n. 4, 2007, pp. 83-89).

Lui non era lui, e lei nemmeno, in «Caffè Europa», e in M. Drazien, *Luci e ombre. Tra cinema e psicanalisi. Con scritti di Cristiana Fanelli,*

Jean-Jacques Tyszler, Virginia Zullo, C. Fanelli (a cura di), Associazione Lacaniana Internazionale-Roma, Roma 2009, pp. 9-11.
Finisterre, in Drazien, *Luci e ombre. Tra cinema e psicanalisi*, cit., pp. 6-8.
L'enfer, in Drazien, *Luci e ombre. Tra cinema e psicanalisi*, cit., pp. 12-16.
Gli spostati, in Drazien, *Luci e ombre. Tra cinema e psicanalisi*, cit., pp. 17-20.
«*Insomma, o l'una o l'altra*», in «Reset», n. 108, 2008.
La donna sola... senza paura, in C. Fanelli (a cura di), «La clinica del *pas-toute*», Roma 2009, pp. 30-37.
Per Jacqueline Risset, pubblicato sul sito dell'Associazione Lacaniana Internazionale in Italia, www.freud-lacan.it (pubblicato in francese sul sito dell'Association Lacanienne Internationale, www.freud-lacan.com il 3 ottobre del 2014).

La nascita della Scuola Laboratorio Freudiano per la Formazione degli Psicoterapeuti (2001) segna uno scarto dal passato. Varcata questa soglia, la trasmissione diviene un'esigenza – come testimonia la traduzione del *Dizionario di psicanalisi*, un testo che raccoglie il sapere concettuale della psicanalisi lacaniana. Nato per auspicio di Lacan, le tumultuose vicende redazionali ne ritardano l'uscita facendone un'opera corale e stratificata. Perché una traduzione? Per le sue affinità con l'inconscio: come la traduzione, anche l'inconscio ha a che fare con la lingua dell'Altro, si muove tra due lingue, tra due o più significanti, tra fraintendimenti ed equivoci, tra un incontro e l'altro: «La traduzione dimostra che si può parlare di una lingua solo in una lingua straniera» suggeriva Lacan a Julia Kristeva, accostando il lavoro dell'inconscio all'arte del tradurre. A lungo la dottoressa Drazien si è ritrovata con molti dei suoi allievi attorno a questo testo, che fortemente ha voluto portare in Italia, «tra tradurre, tradire, cancellare, criticare, inventare» (Drazien):

C. Albarello (a cura di), *Dizionario di psicanalisi*, Gremese, Roma 2004.

S'inscrive in questa stagione un altro libro curato da Muriel Drazien, ispirato a una questione essenziale della clinica: l'inesistenza del rapporto sessuale. Al fondo della vita, spiegava Lacan, sta che «in tutto quello che riguarda i rapporti tra uomini e donne, ebbene qualcosa non va» e, per quanto si abbraccino e si stringano, i due non arriveranno mai a fare Uno. Il Convegno del 17 e 18 febbraio 2007 al Goethe Institut è tra i più importanti nella storia della dottoressa Drazien (assieme a quello del 4 e 5 maggio 2001, "Lacan 100 anni", e alla conferenza del 29 ottobre 1974 che aveva portato Lacan a Roma – e di cui è traccia l'articolo di Emilia Granzotto, apparso il 27 novembre su «Panorama»). I più illustri psicanalisti francesi e italiani erano chiamati a rispondere di quell'impossibile che tanto tormenta e che, non di rado, è alla base di una domanda d'analisi:

M. Drazien (a cura di), *Coppie. Una storia psicanalitica: il nodo di Lacan*, Carocci, Roma 2007.

Il saggio contenuto nel volume, *Piccola Antigone fascista* (pp. 164-167), svela quanta attenzione Muriel Drazien riservasse alla storia italiana: qui ci offre un ritratto inedito di Edda Ciano, in seguito costruirà il caso di Rina Fort. Se, come insegna Lacan, «la psicosi è una sorta di fallimento in ciò che chiamiamo amore», questo caso di cronaca nera del dopoguerra descrive molto bene le derive della passione gelosa femminile. Mentre fa luce sull'enigma di una donna, la dottoressa Drazien ci porta su quel crinale in cui l'impossibile a dirsi si rovescia nel passaggio all'atto criminale:

Il crimine di Rina Fort, in N. Dissez, C. Fanelli (a cura di), *Il sapere che viene dai folli*, DeriveApprodi, Roma 2017, pp. 277-295. Il testo è stato tradotto in francese da Marco Cincinelli e pubblicato sul sito dell'Association Lacanienne Internationale, www.freud-lacan.com, il 16 maggio del 2018.

Se l'indicibile è il perno del caso Rina Fort, altrove il tema è la lingua che salva. Così la giornata organizzata il 12 maggio 2011 al Centro Bibliografico dell'Unione delle Comunità Ebraiche Italiane, e dedicata al film di Nurith Aviv, *Misafà lesafà* (*Da una lingua all'altra*), è l'occasione per raccontare di una bambina scampata allo sterminio, ma rimasta sola e costretta a non parlare per nascondere la propria origine ebraica. A salvarla dalla follia è stata la narrazione interiore con cui ha rotto la propria solitudine. Grazie alla mediazione di Muriel Drazien, il libro di Leslie Cohen, *Trapped Inside the Story*, è stato tradotto e pubblicato in Italia da Editori Internazionali Riuniti (*Intrappolata nella storia*, 2013).

Nel 2011, Muriel Drazien si fa artefice di una nuova fondazione: quella dell'Ali-Roma e dell'Ali-Italia. Si tratta di un vero evento nella storia del gruppo italiano, così sparpagliato e preso in una rete discorsiva piuttosto smagliata. Il testo legato a questo nuovo inizio è il libro-intervista *Le mie sere con Lacan*, che affida la trasmissione della psicanalisi lacaniana alle figure più rappresentative dell'Ali: Marie-Charlotte Cadeau, Paola Carola, Marcel Czermak, Muriel Drazien, Claude Landman, Charles Melman, Jacqueline Risset e Jean-Jacques Tyszler. La dottoressa Drazien aveva partecipato a molti di questi incontri parigini, un'occasione per lei di ripercorrere la sua vita con Lacan. Infatti, l'intervista che ci offre è un affresco inedito della sua formazione. Nella filigrana di ricordi che partono da lontano, dalla sua giovinezza, dal suo spaesamento, dalla posizione eretica in cui si trovava chiunque seguisse Lacan, emerge come la psicanalisi sia stata l'esperienza cruciale della sua esistenza e come il soggetto sia necessariamente solo dinanzi al proprio desiderio:

L'amore di transfert. La formazione di un'analista, in C. Fanelli, J. Jerkov, D. Sainte Fare Garnot (a cura di), *Le mie sere con Lacan*, Editori Internazionali Riuniti, Roma 2012, pp. 283-328 (alcune parti del testo sono state pubblicate in francese sul sito dell Association Lacanienne Internationale, www.freud-lacan.com, il 30 aprile del 2018). Edizione francese: *Mes soirées chez Lacan*, Editori Internazionali Riuniti, Roma 2012.

Della sua identità poliglotta, di questa spaziatura intima, del suo stare tra due mondi, fra due città, Roma e Parigi, dicono il perdurare dell'accento francese nella lingua italiana, quelle sonorità venute da altrove. La traccia di questa esitazione linguistica, in cui riconosciamo l'«atopia dell'Altro», sta in alcuni scritti in lingua francese:

Existe-t-il une perversion féminine?, in *Le cas de la Jeune homosexuelle vu par Freud, Lacan… et quelques autres*, Editions de l'Association Freudienne Internationale, Paris 2002.

Duce, tu n'es plus mon père, in «La Célibataire», n. 7, *Lacan et la psichologie des foules*, Paris 2003.

La Psychothérapie en Italie (con Marisa Fiumanò), pubblicato in francese sul sito dell'Association Lacanienne Internationale, www.-freud-lacan.com, il 6 settembre del 2005.

Lacan lecteur de Joyce. Le Synthome, in «La Célibataire», n. 19, *Des pratiques de la langue*, Paris 2009, pp. 107-114.

Joyce. L'amour entre symptôme et sinthome, in *Dante Alighieri. Les effets inattendus de l'amour de la langue*, in «La Célibataire» (edizione bilingue), n. 21, 2010, pp. 87-94.

Joyce et l'élangues, in *Une journée entière avec James Joyce*, in «La Célibataire», n. 27, 2013.

La lettera segue uno strano tragitto che, nel caso di Muriel Drazien, conduce al libro su James Joyce, lo scrittore dei giochi di parola translinguistici che, secondo Philippe Sollers, ha decostruito l'inglese. Il libro sarà intitolato *Lacan lettore di Joyce*. Lettore, e non scrittore... Anche lui infatti ha prediletto la dimensione orale, coltivata nei seminari, nell'ascolto prestato per anni in rue de Lille e in quello offerto ai malati nel corso delle *presentazioni*. Il 27 aprile 1966, durante il seminario *L'objet de la psychanalyse*, Muriel Drazien interviene con una relazione su Ernest Jones e la sessualità femminile, uno dei temi che ha più interrogato, come quando ha esplorato il rapporto della donna con lo sguardo:

La macchia di Venere, in V. Merlini e D. Storti (a cura di), *Donna allo specchio: Tiziano a Milano*, Skira, Milano 2010 (alcuni estratti sono stati pubblicati in *Lo sguardo del mondo*, «L'Osservatore Romano», 18 dicembre 2010).

Nonostante l'erranza cui Lacan è costretto, i suoi seminari diventano un punto di ritrovo per psicanalisti e psichiatri, filosofi, artisti, scrittori, linguisti. Il rapporto di Lacan con la scrittura resta un punto controverso, di fatto egli ha consegnato a Jacques-Alain Miller la trasmissione scritta del suo insegnamento. «Si parla nella propria lingua, si scrive sempre in una lingua straniera», diceva Sartre. Parlando di Joyce, Lacan ha fatto della scrittura il "sinthomo" attraverso cui l'irlandese avrebbe cercato di costruire il proprio Ego e di riparare all'errore di annodamento che organizzava la sua struttura psichica. Così, lo scrittore che ha cercato di polverizzare la lingua inglese, ha trovato riparo nella scrittura. Al Joyce di Lacan, si aggiunge ora il Joyce italiano di Muriel Drazien:

Lacan lettore di Joyce, Portaparole, Roma 2016.

In quest'opera convergono tutte le strade percorse: l'esilio linguistico del *parlessere*, il non rapporto sessuale, le invenzioni dell'inconscio, la questione del padre, la clinica.

La lingua, ogni lingua, tutto sommato la si crea, diceva Lacan. Si parla, e questo ha delle conseguenze: «Si crea una lingua perché le si dà un senso in ogni istante. In ogni istante diamo un tocco alla lingua che parliamo, perché senza quel tocco non sarebbe viva. La lingua è viva soltanto perché la si crea in ogni momento. E qui non esiste affatto un inconscio collettivo, ma solo inconsci particolari» (J. Lacan).

Indice

Made in United States
Cleveland, OH
05 November 2026

47667145R00094